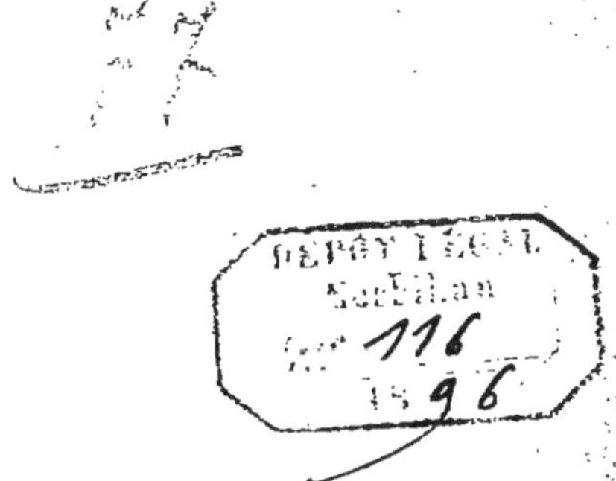

BONCHAMPS

ET LE PASSAGE DE LA LOIRE

PAR L'ARMÉE VENDÉENNE

EN 1793

H. BAGUENIER DESORMEAUX

BONCHAMPS

ET

LE PASSAGE DE LA LOIRE

PAR

L'ARMÉE VENDÉENNE

EN 1793

AVEC UN PORTRAIT INÉDIT

VANNES

LIBRAIRIE LAFOLYE

—

1896

C.-M.-A. DE BONCHAMPS

d'après un portrait du temps

BONCHAMPS ET LE PASSAGE DE LA LOIRE

PAR L'ARMÉE VENDÉENNE EN 1793

I

L'importance de la presqu'île bretonne, au point de vue de la résistance contre un ennemi venant de l'intérieur de la France, saute de prime abord aux yeux des moins initiés. Il suffit de consulter une carte du pays pour s'en rendre compte. Battue de trois côtés par l'Océan, l'espace qui la joint à la terre ferme est relativement restreint, couvert par des rivières et quelques hauteurs et facile à défendre, soit que l'on se tienne derrière la Vilaine, l'Ille, la Rance et les sommets séparant ces deux derniers cours d'eau ; soit que l'on se porte jusqu'à la Loire, la Mayenne, les collines du Maine et la Sélune. Dans la première hypothèse, l'une des extrémités de la ligne est appuyée à Saint-Malo et l'autre à la Roche-Bernard ; dans la seconde, Avranches forme le point extrême au nord, Angers ou les Ponts-de-Cé au sud, et Nantes défend la Basse-Loire ; Laval sert alors de point d'appui au centre de ce front un peu plus développé.

Que si, d'autre part, les défenseurs de ce territoire sont parvenus à s'assurer du Cotentin et du Bocage normand à leur gauche, à leur droite, de la région située au sud de la Loire, et connu désormais sous le nom de Vendée-Militaire, on peut soutenir, sans exagération, que cette position est formidable. Le Cotentin et la Vendée forment, en effet, comme les ouvrages avancés de ce grand corps de place. Il y a cent ans surtout, alors qu'en dehors de la route de Paris à Rennes, aucune voie de pénétration praticable n'existait dans ce pays, que les armes, dont pouvaient user les belligérants, avaient une portée relativement faible, son importance était capitale.

Les écrivains militaires qui ont étudié les conditions stratégiques des guerres de l'Ouest, ont depuis longtemps signalé cette situation, notamment en 1827 le marquis de la Boëssière[1] et, plus près de nous, le capitaine Devaureix[2], en 1878. Avant eux, dès le commencement de la lutte, le général vendéen Bonchamps en avait été frappé particulièrement.

Il faut le reconnaître, parmi un grand nombre de généraux presque tous admirables soldats, la première Vendée n'eut que trois véritables hommes de guerre : le lieutenant de cavalerie d'Elbée[3], le capitaine de grenadiers Bonchamps[4] et le lieutenant de vaisseau Charette[5]. Toutefois si le généralissime fut un stratégiste d'une réelle valeur, si le général de la Basse-Vendée s'est montré un tacticien remarquable, le jeune général des Bords de la Loire leur a été supérieur à tous les deux. D'Elbée, en effet, a su élaborer un plan de campagne et sa ténacité à en poursuivre l'exécution démontre, malgré les insinuations de la marquise de la Rochejaquelein, qu'il était un homme de volonté. Mais, au travers des injustices de cette dame et de ses copistes, comme dans des témoignages plus indépendants[6], on distingue bien que sa tactique n'était pas à la hauteur de ses vues générales; la façon dont il

[1] *Considérations militaires et politiques sur les guerres de l'Ouest pendant la Révolution française*, par le marquis de la Boëssière. Paris, Henry 1827, 1 vol. in-8º.

[2] *Observations sur la guerre de Vendée*, par A. Devaureix, capitaine adjudant-major au 135ᵉ de ligne. Paris, Dumaine 1878, brochure in-8º. Le 135ᵉ était alors en garnison à Cholet. — Dans une étude plus générale, sur *La guerre de Partisans*, cet officier distingué écrit encore à propos de la guerre Franco-Allemande de 1870 et de l'armée de la Loire : » Son véritable rôle, si la guerre « eut continué, était de se retirer en Bretagne et de s'y maintenir, en mettant « à profit les obstacles naturels et la nature sauvage du pays. Ayant son front « couvert par la Mayenne et les collines du Maine, appuyant son flanc droit à la « Loire et au Bocage vendéen, son flanc gauche à la Manche et au Bocage normand...., la deuxième armée de la Loire était à même de tenir en échec les « corps allemands qui lui étaient opposés, et cela d'une manière indéfinie » (*Journal des Sciences Militaires* XXVII p. 145).

[3] Après avoir servi en Pologne comme lieutenant de chevau-légers, il était entré dans l'armée Française et avait servi avec le même grade dans Dauphin-cavalerie. Il s'était retiré à la Loge, près Beaupréau, en 1783.

[4] Il avait quitté le service en 1791, comme capitaine de Grenadiers dans le régiment d'Aquitaine.

[5] Il s'était retiré du service en 1788.

[6] Notamment Poirier de Beauvais, *Mémoires inédits*, p. 94.

dirigea la bataille dite « le grand choc de Chemillé[1] », et la seconde affaire de Luçon[2], le démontre plus qu'à suffire. Charette
s'est formé peu à peu à la guerre de partisans qu'il a faite si brillamment pendant deux ans et plus ; on peut dire que la guerre
elle-même et le terrain sur lequel il opérait, ont été ses maîtres de
tactique ; mais en revanche, il ne paraît avoir eu d'autre plan
que d'étendre son influence personnelle, au détriment de ses
voisins[3]. Pour Bonchamps, au contraire, son génie supérieur avait
été plus prompt à envisager les choses dès le début de la campagne. Du premier coup d'œil, il avait embrassé la situation et,
considérant les conséquences nécessaires du soulèvement, il avait
immédiatement compris sur quels points il fallait porter l'effort,
au nord de la Loire. La publication récente des *Mémoires* de Poirier
de Beauvais[4], l'un des plus distingués officiers royalistes et les
documents plus récemment encore mis au jour par M. Chassin,
l'infatigable historien de la Vendée républicaine[5], sont venus confirmer le raisonnement des deux auteurs militaires que j'ai cités
et démontrer péremptoirement la hauteur de vues de l'ancien officier d'Aquitaine[6]. Désormais le plan tracé par lui apparaît nette-

[1] 11 avril 1793.

[2] 14 août 1793.

[3] Il ne faut pas d'équivoque : je ne veux pas dire par là que Charette ne
chercha pas, aussi loyalement que les autres chefs vendéens, le rétablissement
du trône et l'autel, ce serait absurde et odieux. Je constate seulement, ce ne
sera pas la dernière fois, l'esprit de domination et de particularisme du général
de la Basse-Vendée, esprit qui fut une des causes principales de la catastrophe
finale.

[4] *Mémoires inédits de Bertrand Poirier de Beauvais, commandant géné-
ral de l'artillerie, des armées de la Vendée*, publiés par Mme la C^{sse} de la
Bouère. Paris, Plon, 1894, 1 vol in-8°.

[5] La *Vendée Patriote*, par Ch.-L. Chassin, *passim* et III 207-223. Partie
publiée d'abord à peu près textuellement dans la *Révolution Française* du 14
avril 1894 (293-336) sous le titre de : *Les Prisonniers de Saint-Florent et le
Passage de la Loire.*

[6] Le mouvement vendéen durait à peine depuis quelques mois seulement,
que tout le monde, amis et ennemis, rendaient justice à sa haute valeur. « La
perte de Bonchamps vaut une victoire pour nous, » écrivaient le 21 octobre
1793 au comité de Salut Public les représentants L. Turreau, Bourbotte,
Francastel et Choudieu (*Correspondance inédite du Comité de Salut Public*,
publiée par Legros I, 350). Le général Turreau lui-même l'appelait « le meilleur

ment avec toute son opportunité absolue comme aussi les mes-
quines jalousies, les misérables ambitions, les oppositions systé-
matiques qui en arrêtèrent l'exécution, au moment où elle était
possible, et qui furent la cause principale de la perte de la Vendée.

Bonchamps ne s'était pas, comme la plupart des ses compagnons, laissé griser par les victoires si rapides pourtant et si bril-
lantes du début, ni par le développement du soulèvement. Il se
rendait compte que ces succès foudroyants ne pourraient se continuer toujours contre les renforts aguerris que la Convention allait
forcément envoyer dans le pays. Les paysans avaient bien pu
détruire les armées improvisées qu'on leur avait opposées tout
d'abord ; mais qu'adviendrait-il, lorsqu'ils auraient à lutter contre
des troupes solidement organisées, opérant méthodiquement ?

Instruits par l'expérience, les républicains n'exposeraient bientôt
plus de convois, les pertes éprouvées en armes et en munitions ne
pourraient plus, dès lors, être réparées. Sans auxiliaires, la Vendée
verrait rapidement s'épuiser ses défenseurs ; qui comblerait les
vides causés par la lutte ? La nécessité s'imposait donc de trouver
de nouveaux combattants nombreux et ardents. Un temps allait
venir, prochain, où des subsides de toute espèce seraient indispensables aux royalistes. Enfin les succès mêmes qu'on remportait
allaient nécessiter, à bref délai, une entente avec les Princes ; dans
l'intérêt bien compris de la cause, il était urgent de se mettre en
rapports avec eux. Pour tant de motifs divers, il importait de
s'assurer au plus tôt des communications avec l'extérieur[1].

officier général des rebelles», dans une lettre imprimée à la suite de ses *Mémoires*
édition Baudouin (p. 185). L'illustre et infortuné d'Élbée, tant méconnu jusqu'ici
a toujours rendu témoignage à son compagnon de luttes, bien que malheureusement il ne partageât pas ses idées sur la nécessité d'opérer en Bretagne.
« Il est un autre homme (Bonchamps), disait-il qu'on aurait dû faire généralissime et toutes nos affaires eussent prospéré. » Et il ajoutait : « Si M. de Bonchamps était à ma place tout irait bien ; dans ce cas, je me ferais honneur
d'être son aide-de-camp. (*Poirier de Beauvais*, 79, 80). Dans l'interrogatoire
que Turreau lui fit subir à Noirmoutier, il appelait encore Bonchamps « le
meilleur officier de l'armée » : (*Mémoires de Turreau*, édition Baudouin 144 ;
— Chassin : *Préparation de la guerre de Vendée* III, 604).

[1] Ce n'est point ici le lieu de discuter sur la légitimité d'un appel à
l'étranger de la part des généraux vendéens si peu disposés pourtant à s'abais-

L'objectif auquel on devait tendre était d'armer contre la Révolution, la plus grande étendue possible de territoire. Tout l'Ouest frémissait, il fallait donc porter au loin la guerre ; assurer au parti une région, dans laquelle il pût opérer à l'aise et trouver, en cas d'échec, un refuge certain. La Vendée n'était pas assez étendue, elle ne présentait pas assez de points stratégiques pour permettre elle seule, d'atteindre ce but, en toute occurrence[1]. Située comme elle l'était à l'une des extrémités de ce qu'on me permettra d'appeler *l'Ouest-Royaliste*, séparée du reste par la Loire, bordée à l'est et au sud par des provinces où les patriotes étaient chez eux et pouvaient impunément préparer de formidables moyens d'attaques contre le soulèvement[2] ; des villes importantes l'entouraient, toutes hostiles au mouvement : Les Sables-d'Olonne, la Rochelle, Niort, Saumur, Tours, Angers, Nantes, dans lesquelles on allait concentrer tout ce qui serait utile à la réduction du mouvement. Bientôt le pays serait investi de toutes parts et il deviendrait impossible de dégarnir quelques points pour en secourir d'autres plus menacés. A l'ouest, la petite étendue de côtes, par où l'on pourrait joindre la mer, se trouvait aux mains des républicains, presque toute. On était donc mal placé pour recevoir par là des secours aussi sérieux que ceux indispensables à l'armement et à l'entretien des défenseurs de la cause catholique et royale. Les reçût-on, il faudrait en faire passer une grosse partie aux royalistes d'Outre-Loire, et les

ser devant qui ce soit. Je me contente de préciser la nécessité du fait en lui-même, sans l'apprécier pour le moment, me réservant de le faire dans une autre étude, s'il y a lieu. Il me suffira de rappeler seulement ici le mot du général Roguet « Un axiôme qu'il serait presqu'inutile de rappeler, c'est « qu'il n'y a pas « de guerre civile possible, sans l'appui d'une puissance étrangère. » (*Essai sur les guerres d'Insurrection*, p. 89). Armand Carrel, à la tête d'une troupe de républicains français n'a-t-i pas combattu en 1823, dans les rangs espagnols contre l'armée française ?

[1] Cf. Devaureix : *Observations sur la guerre de Vendée*, 16, 17.

[2] « Dans les pays voisins les courages sont avilis et flétris sous le joug du « despotisme républicain. Des gentilshommes, des officiers de Sa Majesté, « délivrés par nous d'une captivité affreuse, ont refusé de suivre nos drapeaux « et ont préféré une honteuse neutralité. » (*Réponse aux neuf questions contenues dans le Mémoire de M. de Gilliers*. Châtillon, 18 août 1793, collection Puisaye, au *British Museum*, vol. 8028, publiée par Dom Chamard : *Correspondance inédite concernant la Vendée militaire*, 23).

communications ne pourraient s'établir, avec quelque sécurité, au travers du fleuve, si l'on ne s'était, au préalable, assuré la possession permanente de ses deux rives. Une diversion s'imposait donc, qui porterait la guerre dans le nord, diviserait les forces révolutionnaires et les obligerait à combattre partout à la fois.

Cette diversion, en soulageant la Vendée, devait permettre de propager le mouvement dans la presqu'île bretonne, dont on ferait la grande place d'armes de l'Ouest et qui alors pourrait devenir, au besoin, un lieu de refuge pour les corps royalistes et les populations de la rive gauche si l'ennemi devenait trop pressant de ce côté-là. Mais on ne pouvait raisonnablement compter sur la Bretagne, qu'à la condition qu'elle fût soulevée par avance et armée, pour recevoir et protéger efficacement ceux qui viendraient lui demander asile ; enfin les royalistes de la rive droite, une fois organisés, pourraient, le cas échéant, traverser la Loire à leur tour et venir dégager le Poitou et le Bas-Anjou[1]. On n'avait pas, par ailleurs, à redouter une attaque des républicains, par mer ; l'état de la flotte de la Convention et les croisières des Anglais ne laissaient aucune crainte à ce sujet.

Ce n'était pas une illusion vaine, aux mois de mars et d'avril 1793, que de supposer la Bretagne disposée à entrer dans la contre-Révolution. Dès 1792, à l'instigation de La Rouërie, la ligue bretonne s'était formée. La mort du chef, la découverte du complot, l'arrestation des principaux organisateurs, avaient jeté le désarroi parmi les royalistes. Mais les populations exaspérées par des exactions de toutes sortes, poussées à bout par la conscription des 300.000 hommes, s'était levée d'elle-même. Du 13 au 18 mars 1793, les districts de Guérande, Savenay, Pont-Château, Blain, Nozay, Châteaubriant, dans la Loire-Inférieure; Bain, Redon, Fougères, Vitré, Montfort, dans l'Ille-et-Vilaine; Vannes, Ploërmel, Pontivy, la Roche-Bernard, dans le Morbihan, étaient en pleine insurrection. De forts rassemblements s'étaient montrés à Lamballe et à Dinan dans les Côtes-du-Nord, dans le Finistère, à Saint-Pol-de-Léon et jusqu'aux portes de Brest. Les villes les plus

---

[1] Cf. Mⁱˢ de la Boëssière : *loc. cit.* 91.

importantes avaient pu résister, mais Nozay, Blain, Savenay, Guérande, Redon, la Roche-Bernard, Locminé, Ploërmel, Rochefort-
en-Terre, Muzillac, Questembert, Sarzeau et bien d'autres avaient
été occupées par les paysans[1]. Nantes, elle-même, la plus grande
ville de l'Ouest était investie de tous côtés et n'avait plus de communications, si ce n'est par mer, avec le reste de la République.
Presque partout, les garnisons des ports du littoral étaient venues
comprimer ces mouvements dès leur naissance et les empêcher de
prendre une cohésion ; on avait ainsi réussi à arrêter l'élan des populations ; mais plusieurs milliers de jeunes gens, compromis dans
les troubles, ou simplement frappés par la réquisition, étaient venus se réunir aux Vendéens et avaient rallié la division de Bonchamps. D'autres s'étaient réfugiés dans les forêts du pays.

Parmi les Bretons qui avaient rejoint Bonchamps se trouvaient
des officiers remarquables ; je citerai seulement les deux Fleuriot,
d'Esigny, Georges Cadoudal. Par eux et leurs compagnons, le général eut bientôt des relations avec tous les foyers contre-révolu-
tionnaires de la péninsule. D'autre part, son beau-frère César de
Scépeaux, ses cousins, les Farcy, et bien d'autres lui ménageaient
des intelligences dans le Craonnais et dans le reste de l'Anjou, entre
la Loire et la Mayenne[2]. Il s'offrit donc lui-même pour aller ré-
veiller l'ardeur des populations de la rive droite et rallier les diverses bandes éparses dans cette région[3]. Il passerait la Loire avec
une troupe peu considérable — six ou huit mille hommes[4] — sur

---

[1] Cf. notamment Chassin : *Préparation de la guerre de Vendée*, III, 386,
387 ; de Cadoudal : *Georges Cadoudal et la Chouannnerie*; 41. Th. Lemas :
Un District breton pendant les guerres de l'Ouest, 23 et s.

[2] Il n'est pas nécessaire, pour expliquer comment l'armée de Bonchamps
était mieux préparée que quiconque a opéré le soulèvement de la Bretagne,
de supposer sans aucune preuve, ainsi que le fait M. Chassin (*Vendée Patriote* III, 221), que d'Autichamp avait été affilié à la Conspiration de La
Rouërie. Cet auteur reconnaît lui-même que l'armée des Bords de la Loire
était « composée en grande partie de Bretons » qui étaient « destinés à propager l'insurrection en Bretagne. » (Ibid., et 208).

Cf. *Mémoires* de Beaurais 191.

[4] Quatre milles seulement au dire de Bréchard, l'un des secrétaires du
Conseil supérieur, dont le récit rapporté par Mercier du Rocher, dans ses *Mémoires* encore inédits, est cité par M. Chassin (*Vendée Patriote*, III, 221, suite 6.

quelque point rapproché de ses cantonnements ordinaires et aborderait l'autre rive entre Ingrande et Ancenis, sans doute, sans éprouver une bien grande résistance de la part des petits postes républicains échelonnés de ce côté. Pour cette expédition, il prendrait autant que possible des jeunes hommes étrangers à la Vendée, surtout des Bretons, et éviterait ainsi d'enlever au pays une partie de ses défenseurs naturels ; sa troupe y gagnerait d'être plus homogène, et formée d'individus connaissant parfaitement la région où il s'agissait d'opérer. Avec un nombre relativement restreint de combattants on était sûr de passer partout, de trouver toujours des subsistances suffisantes et on était en mesure de tenir tête à l'ennemi. Pour réussir, il suffisait que l'armée catholique conservât toute sa consistance sur la rive gauche et assurât ainsi les communications et les derrières du corps expéditionnaire.

Une fois qu'on aurait pris pied sur la rive droite et rallié les différents partis royalistes, qui tenaient la campagne, il s'agissait tout d'abord de balayer la presqu'île armoricaine des quelques troupes républicaines s'y trouvant. On devait y réussir assez facilement avec l'appui des habitants du pays, dût-on laisser de côté, pour un temps, les places fortes et les ports importants, dont les garnisons, trop faibles pour se risquer à découvert au travers d'une contrée hostile, n'auraient d'autre ressource que de rester enfermées là où elles se trouvaient. La jeunesse armoricaine s'aguerrirait et s'assujettirait vite à un service suffisamment régulier pour défendre efficacement les abords de la péninsule et bientôt permettre de pousser des corps sur les points les plus inquiétés, faire des diversions sérieuses, couper les colonnes de l'ennemi, ses convois, ses approvisionnements, le forcer en un mot à se diviser, et le battre. Lorsqu'on serait assez forts on s'assurerait de la possession de Nantes, le meilleur moyen de communiquer d'une rive à l'autre. Puis, peu à peu, on se retournerait vers le Cotentin, le Maine, la Normandie même et on avancerait dans ces provinces, où les recrues ne manqueraient pas[1].

----

[1] Cf. marquis de la Boëssière : *Considérations sur les guerres de l'Ouest,* 92, 93.

Alors maîtres du pays, mais alors seulement, avec une troupe assouplie et préparée aux longues expéditions, les royalistes pourraient chercher à dicter leurs volontés et tenter la marche sur Paris[1].

Tel était en réalité le plan élaboré par Bonchamps, telles ses conditions d'exécution, quoi qu'en aient écrit bon nombre d'historiens de la Vendée, plus enclins à arrondir de belles périodes et à enfler de pompeux discours, qu'à serrer de près la vérité historique[2].

---

[1] Le projet de marcher sur Paris n'avait, même à la fin de mai 1793, aucune consistance, personne ne le voyait praticable pour le moment. Il prit vraiment quelque forme seulement après la prise de Saumur, quand le jeune d'Autichamp, ayant rejoint l'armée catholique et royale, commença à en parler.

[2] Les affirmations des témoins à ce sujet sont nombreuses et catégoriques ; j'en citerai seulement quelques-unes. La marquise de Bonchamps déclare : « M. de Bonchamps n'était point d'avis de marcher sur Nantes. Après les « premières victoires, il avait réitéré au conseil la proposition de passer la « Loire avec sa seule division. Son plan était, en négligeant Nantes, de par- « courir la Bretagne, où il avait des intelligences, d'insurger toute cette « province ; et, liant ainsi les insurrections de la Vendée et de la Bretagne, « de faire éclater celle qui couvait en Normandie. Cette haute pensée aurait « amené les plus grands résultats ; mais ce passage tant sollicité par M. de « Bonchamps, pendant la prospérité de la Vendée, n'eut lieu que beaucoup « plus tard, à la suite d'une déroute... » (*Mémoires,* édition Lescure, p. 22). Poirier de Beauvais dit nettement : « J'avais eu connaissance par la Bouère « de la proposition de Bonchamps qui consistait *à passer avec sa seule* « *armée.* Une partie de ses soldats étaient des Bretons de la rive droite ; « avec leur aide il espérait faire des prosélytes.... » (*Mémoires,* p. 151). Mercier du Rocher citant dans ses *Mémoires,* Brechard, l'un des secrétaires du Conseil supérieur, dit que le plan de Bonchamps était de « passer avec « 4,000 hommes en Bretagne, où il ferait soulever 30,000 hommes, avec « lesquels, ensuite il investirait Nantes, l'affamerait, l'obligerait à se rendre. » (Cf. Chassin, *La Vendée patriote,* III, 221, note 6). L'abbé Charruau, mort curé de la Jumellière, avait suivi l'armée, il écrit lui aussi à Pitre-Chevalier, à propos du Conseil de guerre tenu le 13 avril 1793 par les chefs vendéens : « M. de Bonchamps fit observer que si la Vendée restait isolée plus longtemps et « réduite à ses seules forces, elle ne tarderait pas à décliner et à succomber, « ne pouvant recruter nulle part pour combler les vides que ses succès « mêmes faisaient dans ses rangs, tandis que la République, malgré ses « échecs successifs avait toujours de nouvelles troupes à lancer contre son « ennemi. Pourquoi négliger plus longtemps, poursuivit le général, notre « voisine et notre alliée naturelle, la province qui nous a donné l'exemple « du soulèvement, qui a la même foi, les mêmes idées et les mêmes espé-

Et ce plan, quoi qu'on en ait pu dire fut élaboré presque dès le début du soulèvement. La marquise de Bonchamps l'affirme et l'abbé Charruau fixe la date à laquelle il fut présenté officiellement au Conseil des chefs royalistes ; c'est le 13 avril 1793[1], à supposer qu'il l'ait été ce jour-là pour la première fois[2]. A défaut des témoignages précis qui subsistent, le plus simple raisonnement permettrait encore d'arriver à la vérification complète de mes affirmations. Il suffit d'étudier un peu l'enchaînement des faits qui se déroulèrent depuis la mi-mars 1793, jusqu'au passage de la Loire[3], pour se convaincre que Bonchamps n'a pas cessé un instant de chercher à amener à son idée les autres généraux. L'incohérence

« rances que nous, qui n'attend qu'une occasion pour passer comme nous « de l'état d'esclaves rebelles à celui de soldats vengeurs ? En un mot, « pourquoi ne pas donner la main à notre sœur la Bretagne ? Il suffit pour « cela d'un pont sur la Loire et d'un corps d'armée résolu. J'ai 4,000 chas- « seurs dont je suis sûr, je vous les offre pour cette expédition. J'y joindrai « bien 5 à 6000 paysans de la rive gauche, cela formera dix mille hommes. « Avec ces braves et avec une dizaine de canons, je me charge de passer la « Loire, de soulever la rive droite, d'étendre le théâtre de la guerre, non « seulement à la Bretagne, mais au Maine et à la Normandie, de créer enfin « dans tout l'Ouest une insurrection qui nous livrera Nantes et fera de « cette grande ville le centre de nos opérations entre les deux pays. » (Cf. Pitre-Chevalier : *Bretagne et Vendée*, 414). J'avoue n'avoir jamais ajouté grande foi à l'authenticité des paroles des personnages célèbres, rapportées après coup par les uns ou les autres ; je ne m'appesentirai donc pas sur les phrases que l'abbé Charruau met dans la bouche de Bonchamps, je me contenterai de retenir le fond du récit de ce témoin oculaire et auriculaire du conseil tenu le 13 avril 1793.

[1] D'après Pitre-Chevalier, qui paraît citer *textuellement* l'abbé Charruau, Bonchamps aurait rencontré à Gesté et non pas à Tiffauges, comme on le dit généralement, l'armée de Cathelineau et de d'Elbée en retraite de Chemillé vers la Sèvre ; c'est à Gesté aussi que se serait tenu le conseil de guerre dans lequel le général des Bords de la Loire aurait exposé son plan.

[2] Les hommes qui ne cessèrent de s'appliquer à dénaturer ce plan, en prétendant l'exécuter, pour entraîner plus facilement l'armée entière outre-Loire n'ébruitèrent leur entreprise qu'à la fin d'août 1793, en se couvrant toujours du nom de Bonchamps, alors tenu éloigné de l'armée par ses blessures On verra, en poursuivant cette étude que ce sont leurs agissements qui ont fait écrire à de nombreux historiens de la Vendée que le projet de Bonchamps consistait à faire passer toute l'armée vendéenne en Bretagne et qu'il datait seulement de ce moment-là.

[3] 18 octobre 1793.

dans les mouvements, surtout apparente, qui frappe tout d'abord
l'esprit, quand on étudie en détail l'histoire de nos guerres de
l'Ouest, s'explique lorsqu'on veut bien aller jusqu'au fond des
choses.

Quand débuta le mouvement, les paysans, Cathelineau, Per-
driault, Stofflet en tête, n'eurent d'autre but que de secouer l'autorité des patriotes et de chasser du pays leurs oppresseurs. Ce fut
l'unique plan. Mais, après les premières victoires, lorsque d'anciens
officiers, d'Elbée, Bonchamps, La Rochejaquelein, Fleuriot, Royrand, Dommaigné et tant d'autres eurent pris rang dans l'armée,
ceux-ci cherchèrent à élargir le cercle d'action du parti. Deux cou-
rants principaux se produisirent. J'ai indiqué les vues de Bonchamps ; d'Elbée, au contraire, tout en rendant justice aux rares
talents du premier, auquel il ne cessa de témoigner affection et déférence[1], quoi qu'en puisse dire Mme de La Rochejaquelein[2] ; d'Elbée, dis-
je, n'était pas partisan de l'expansion en Bretagne, il voulait tourner
ses efforts du côté de Niort, afin, de là, de faire sur le Midi le mouvement préconisé par Bonchamps vers la Bretagne : propager le soulèvement dans cette région qui commençait à vigoureusement
s'agiter[3]. Il comptait, en passant, s'emparer de l'un des ports
de la côte poitevine, dans lequel on pût recevoir les secours
que Bonchamps voulait aller chercher sur la côte armoricaine,
cela fait, il serait rentré dans le « Pays conquis », ou, si on pré-
fère, dans le Bocage pour y maintenir le foyer de la résistance.
Ce système me semble reposer sur une fausse appréciation de la
situation général telle qu'elle se présentait. Les provinces méridio-
nales, en effet, qui étaient agitées par la réaction fédéraliste, la
Lozère, les départements royalistes de la Provence et des Cévennes
étaient séparés de la Vendée par des villes et des territoires dont les
populations entières étaient dévouées à la Convention, garnis de
gardes nationales patriotes, qui barreraient la route ; et assez
rapprochés des Pyrénées pour que les troupes régulières, opérant

[1] Cf. ci-dessus.

[2] Marquise de La Rochejaquelein : *Mémoires originaux*, 208, 209.

[3] Cf. Jomini. *Histoire critique et militaire des guerres de la Révolution*,
III, 396, 395. Marquis d'Elbée : *Le Généralissime d'Elbée*, 45.

sur la frontière, aient le temps d'accourir et de forcer les Vendéens
à la retraite. Enfin, si l'on voulait résolument s'avancer dans le sud,
il fallait, précisément à cause de ces dangers, entraîner toute
l'armée après soi, dégarnir la Vendée de ses défenseurs, abandonner
à leur malheureux sort les populations qui ne suivraient pas
l'exode générale. Les volontaires républicains pillaient déjà partout
où ils passaient, maltraitant les habitants[1]. Si l'armée s'éloignait
totalement, la perte de ceux-ci serait fatale et le pays serait saccagé
par les pillards patriotes[2], tandis que le gros des républicains
s'élancerait à la suite des royalistes ; ceux-ci auraient donc à faire
tête de tous les côtés à la fois. Rien ne prouve, d'ailleurs, qu'on
aurait pu entraîner si loin de chez elle une masse si peu homogène
et avec laquelle d'Elbée lui-même et les autres chefs reconnais-
saient l'impossibilité de « se proposer un plan fixe » puisqu'après
chaque affaire les paysans rentraient chez eux sans qu'on put les
retenir[3].

[1] « Les gendarmes et les troupes républicaines pillent partout où ils
passent, » déclare, au mois d'avril 1793, le Directoire de Maine-et-Loire, et il
est contraint de nommer des commissaires pour visiter les messageries et retenir les effets volés expédiés dans l'intérieur de la France par les pillards
(*Arch. de Maine-et-Loire* : Conseil Général). — « Ce qui nous afflige,
» écrivent les représentants Choudieu et Richard, au comité de Salut-Public,
« le 21 avril 1793 c'est que des hommes qui se battent si mal se livrent aux
« plus effrayants désordres, et ils trouvent malheureusement des complices
« parmi ceux qui se battent le mieux. Ils ne distinguent ni amis ni ennemis
« et les excès dans tous les genres sont portés à leur comble.» (Legros : *La Révolution telle quelle est*, I, 119). — De tous côtés les plaintes sont les mêmes.
De Fontenay-le-Comte, Auguis écrit le 28 avril à son collègue Carré : « La
« majeure partie des troupes déserte et celles qui tiennent à leurs postes se
« portent à des excès blâmables, car ils pillent malgré toutes les défenses
« qu'on peut faire. » (*Collection Dugast-Matifeu*). On pourrait multiplier les
citations à l'infini.

[2] Les Vendéens, restés sur la rive gauche après le passage de la Loire, en
ont fait la plus terrible expérience.

[3] « Quand on voudrait se proposer un plan fixe, on ne le pourrait pas,
« n'ayant pas de troupes réglées. Après un combat chaque paysan va se re-
« poser chez lui : on ne peut le retenir à l'armée, servant sans solde. » (*Réponse aux neufs demandes contenues dans le Mémoire de M. de Gilliers*,
18 août 1793, Dom Chamard : *Correspondance inédite concernant la Vendée
Militaire*, 24.

Avec le plan de Bonchamps, il n'y avait rien à redouter de tout cela ; il n'opérait qu'avec une troupe restreinte, bien dans sa main, n'avait que la Loire à traverser pour se trouver sur son terrain d'action, pendant que l'armée demeurait sur son territoire habituel.

Ces deux systèmes qui paraissent, à bon droit, si opposés l'un à l'autre forment la seule base sur laquelle furent échafaudées toutes les opérations de la grande Armée catholique et royale. Leur réunion, leur coexistence plutôt, forme le seul plan général d'après lequel, suivant que telle ou telle influence l'emporte, le Conseil de guerre ordonne une expédition sur un point ou sur un autre. Chose singulière à noter, le plus souvent ni d'Elbée, ni surtout Bonchamps n'appuient leur propre théorie dans le conseil ; ils sont presque toujours absents pour raisons de service ou pour soigner leurs blessures. C'est malheureusement un chef quelconque, plus ou moins qualifié pour cela, qui se charge de ce soin, et qui, d'ordinaire, dénature l'idée qu'il soutient d'après son tempérament et son intérêt personnel ou celui de son canton, sans s'inquiéter du bien général. Celui-ci est pressé de dégager le territoire où il commande ; celui-là, jaloux surtout de trouver l'occasion de donner et de recevoir des coups, s'intéresse seulement à l'endroit où il le pourra faire plus à l'aise ; cet autre, confiant pour réussir dans ses propres forces et dans celles de ses voisins, les trouve bien suffisantes, sans recourir aux royalistes du Nord-Ouest ou à ceux du Midi, et n'entend partager la gloire du succès avec personne[1] ; cet autre enfin ne peut admettre qu'un homme moins titré ou de grade inférieur ait plus de génie que lui-même.....

Et l'armée vendéenne, suivant que telle ou telle influence do-

---

[1] Après la prise de Saumur, lorsqu'il eut rejoint l'armée, Poirier de Beauvoir fut admis au Conseil. « Sur la connaissance qu'on me donna, dit-il, « des forces du parti, je dis sur-le-champ qu'il n'y avait pas de temps à « perdre pour dépêcher aux Princes, et leur apprendre le pied respectable « sur lequel on était.... On reçut ce que j'avançais assez légèrement ; je fis un « mémoire..... ; on biaisa. Je vis quelque temps après que l'on comptait « être à Paris avant trois mois et sans le secours de personne. Le marquis « de Lescure était persuadé de cela, comme je suis convaincu que je « mourrai. » *(Poirier de Beauvais, 37).*

mine dans le moment, ou que l'urgence se fait sentir plus impé-
rieusement sur un point, court du Sud au Nord, et de l'Est à
l'Ouest[1] ! !

II

Le premier moment de stupeur causée par les succès foudroyants
des paysans, une fois passé, ce qu'avait prévu Bonchamps arriva.
Les républicains cherchèrent à se ressaisir, ils revinrent à la charge.
De toutes parts, d'Ingrandes, d'Angers, de Saumur, de Thouars, des
armées importantes s'avancèrent sur le territoire soulevé dont il
fallut défendre le sol pied à pied. Une autre se formait à Niort. Le

[1] L'extrême modestie de l'Elbée lui enlevait l'énergie nécessaire à un chef
de parti pour se faire obéir. Lorsqu'il devint généralissime, ceux qui l'élurent
spéculèrent sur son caractère, pour faire, comme dit Beauvais, chacun sa
propre volonté dans son canton. Son pouvoir diminuait chaque jour, ceux
qui auraient dû suivre ses ordres ne cherchaient qu'à affaiblir son autorité,
à atténuer ses talents et à le tourner en ridicule. On retrouve les critiques
et les railleries dont on l'abreuvait, jusque dans les *Mémoires* de la marquise de la Rochejaquelein, comme un écho des appréciations de Lescure,
premier mari de l'auteur, et de Donnissan, son père. (Notamment pages 137,
139, 140, 207 à 209 de l'*édition originale* de 1889).

« Il avoit des défauts, il est vrai, dit Beauvais, mais que de choses attribuées,
« à son imprévoyance, qui ne venoient que de la certitude qu'il avoit, qu'il
« ne seroit point, obéi, n'ayant pas un caractère assez prononcé pour le vou-
« loir et en prendre les moyens ! » (Cf. *Beauvais*, 79, 151). Dès le temps de
son élection, le second généralissime se rendit compte de cette hostilité qui
eut des conséquences si funestes pour la Vendée, et loin de s'enorgueillir de
son titre, il faisait part à Beauvais de ses angoisses. « Quel tourment, disait-
« il, quel chagrin j'éprouve de ne pouvoir pas faire le bien comme je le vou-
« drais !... Il ne s'agit pas de savoir, il faut être obéi et je ne le suis pas. C'est
« là le vrai motif, n'en doutez pas, pour lequel on n'a pas nommé M. de Bon-
« champs. On est convaincu qu'il est plus militaire que je ne le suis, mais aussi
« qu'il a plus de fermeté et qu'avec moi l'on fera ce que l'on voudra, parce
« que l'on suppose que je n'irai point sévir contre des gens qui marquent
« par leur naissance, leur propriétés et leur influence. » (*Beauvais* 79-80).
Il convient de rapprocher ce témoignage bien précis de ce que dit Théodore
Muret « certains écrivains ont fait de M. d'Elbée un politique plein de vues
« ambitieuses. On a d'autre part, exagéré certaines nuances de son carac-
« tère et de sa manière d'être, au point de lui donner presque un vernis de
« ridicule. Ces deux points de vue sont également hors de vérité. M. d'Elbée
« est un des chefs qui ont laissé la mémoire la plus vénérée, la plus chérie.
« S'il rechercha le commandement, ce fut chez lui une question d'amour-

10 Avril, Bonchamps était battu au Mesnil[1], par Gauvillier et Charlery, qui, le lendemain, occupaient Saint-Florent et incendiaient bientôt la Baronnière[2], habitation du général, pendant que se livrait le « Grand choc de Chemillé »[3], entre Berruyer et Cathelineau soutenu par d'Elbée. A la suite de cette véritable bataille rangée, ceux-ci, bien que restés maîtres de leurs positions, étaient, dès le 12, obligés, faute de munitions, de se replier sur Beaupréau[4]. Le général patriote Leigonyer, sorti de Vihiers le 9, avait mis près de trois jours à faire les deux lieues séparant cette ville du bourg de Coron[5], maintenu constamment par Stofflet. Le 11, enfin, il occupait ce dernier point et, le 12, il entrait sans résistance dans Vezins[6]. Les Vendéens durent se retirer sur Tiffauges.

Bonchamps rejoignit les autres royalistes dans la soirée du

« propre bien innocente dans son but. Certains officiers ont pu se prêter à « ce désir, discuter même, sachant que la bonté facile de M. d'Elbée, satis- « faite d'un titre, laisserait tout le monde à l'aise. » (Muret : *Guerres de l'Ouest*, I, 250). Il faut encore donner l'opinion d'un contemporain, Boutillier de Saint-André, qui répond à Muret : « M. d'Elbée était au-dessus de ces « prétentions indignes de la cause qu'il défendait, il avait trop de religion, « trop de vertus pour leur donner accès dans son âme. Je puis assurer cette « vérité : il était celui des généraux vendéens avec lequel mon père avait le « plus de relations et jamais je ne me suis aperçu ni ai entendu dire qu'il « ait intrigué pour se faire nommer à la première place de l'armée ». (*Mémoires inédits*). D'un côté donc nous trouvons les dires de Mme de La Rochejaquelein inspirée par la rancœur qu'éprouvèrent ses proches d'avoir été écartés du généralat suprême ; de l'autre, les affirmations bien nettes et complètement désintéressées de l'un des officiers les plus habiles de l'armée et d'un témoin, fils d'un ami intime des généraux vendéens.

[1] Bourg à 6 kil. en amont de Saint-Florent-le-Veil, sur la rive gauche et à 2 kil. environ de la Loire.

[2] Château, commune de la Chapelle-Saint-Florent (M. et L.) à 2 kil. de Saint-Florent-le-Viéil. — Charlery commandant la cavalerie de Gauvillier fit une première visite à la Baronnière le 13 Avril ; il y revint le 16 et fit incendier le château.

[3] Petite ville sur l'Hirôme, à 37 kil. d'Angers, 22 de Cholet, 23 de Beaupréau, 16 de Chalonnes et 28 de Saint-Florent-le-Vieil ; sur la route d'Angers à Cholet.

[4] Petite ville dans une position assez forte sur l'Evre, à 19 kil. de Saint-Florent-le-Vieil et 19 de Cholet.

[5] Gros bourg du canton de Vihiers, (M.-et-L.), sur la grand'route qui conduit à Cholet.

[6] Bourg à 5 kil. de Coron, en continuant sur la route, vers Cholet, à 14 kil. de cette ville.

13 avril, ainsi qu'on l'a vu tout à l'heure. Le parti était en mauvaise posture, il fallait pourvoir à la défense de tous les côtés à la fois. Les chefs se réunirent aussitôt en conseil. Fut-ce à Tiffauges[1] même ? comme le disent presque tous les historiens et les mémorialistes, fut-ce à Gesté[2] ? ainsi que le prétend l'abbé Charruau, qui était présent, la chose m'indiffère. J'avoue même — je l'ai déjà dit — ne pas tenir pour absolument authentiques les belles phrases que ce témoin met dans la bouche de Bonchamps. Ce qu'il importe de retenir — et j'y reviens sans cesse — c'est le fond de la proposition de celui-ci et la date à laquelle elle fut faite : le 13 avril au soir. C'est la première manifestation publique, que nous connaissions, de son plan, il l'expose tout entier, sans réticences, précisant bien les conditions dans lesquelles il voulait opérer. Par la sûreté de son argumentation, par la logique de son raisonnement, il allait rallier à son avis la majorité du conseil, malgré, sans doute, l'opinion contraire de d'Elbée, lorsqu'on reçut, sur le tard, la nouvelle des succès remportés par Henri de La Rochejaquelein du côté de Châtillon[3].

Ce fut un gros appoint que l'arrivée du jeune vainqueur pour les adversaires de l'idée de Bonchamps. Henri brûlait du désir de compléter son œuvre, en achevant la destruction de Quétineau et de délivrer son cousin et ami le marquis de Lescure, détenu avec sa famille à Bressuire. Mais, pour ce faire, il n'avait plus de munitions et guère de soldats ; ayant entendu parler des prodiges accomplis par les angevins, il accourait implorer leur aide et celui de leurs troupes[4].

---

[1] Bourg du département de la Vendée sur un coteau dominant la rive gauche de la Sèvre Nantaise, à environ 17 kil. de Gesté et 22 de Beaupreau.

[2] Gros bourg du canton de Beaupreau (M.-et-L.), à 11 kil. de Beaupreau et à environ 23 de Saint-Florent-le-Vieil.

[3] Petite ville du département des Deux-Sèvres, célèbre dans les guerres de Vendée.

[4] Je suis ici, comme à peu près sur tous les points, absolument d'accord avec M. le Mis d'Elbée, auteur d'une récente étude très-précieuse sur son grand oncle. Il importe de ne pas faire de confusion et de ne pas intervertir les rôles ; ce n'est pas Lescure qui a sauvé l'Anjou ainsi que le donne à penser Mme de La Rochejaquelein. Si l'arrivée d'Henri de La Rochejaquelein à Tiffauges, après sa victoire des Aubiers, a redonné quelque espérance à l'armée Angevine, relevé son courage et ainsi rendu service à la cause, il ne

Comment résister à la demande du bouillant jeune homme dont l'intervention dans la lutte venait rendre un nouvel éclat à l'astre un instant pâli du soulèvement? Il apportait au moins l'espérance, au milieu des angoisses de la situation critique, où l'on se débattait. Le conseil revint donc sur l'avis qui semblait, la veille, réunir le plus grand nombre de suffrages. Et l'on prit la direction du Poitou[1].

Après les victoires de la Rochejaquelein et de Stofflet à Nuaillé[2] et au Bois-Grolleau[3], de Bonchamps à Beaupréau[4], l'armée réunie à Cholet[5] se porta sur Bressuire, où elle délivra sans coup férir Lescure, Donnissan et tout leur entourage[6]. De là elle marcha sur Thouars. Lorsqu'elle se fut emparée de cette dernière ville[7], un conseil fut tenu par toutes les sommités du parti[8], dans lequel on s'occupa de régulariser autant que possible le mouvement catholique et royaliste, en lui donnant une sorte d'organisation. Alors,

faut pas oublier que ce sont les soldats angevins qui ont remporté les succès autour de Cholet à la suite desquels Quétineau dut évacuer Bressuire. Ce sont eux qui ont donc sauvé Lescure et les siens. Ce sont eux surtout, aussi, qui ont emporté Thouars et ont par cette victoire grandi les visées du parti, en permettant à d'Elbée de tenter l'expédition sur Fontenay. Celle-ci eut du moins cette conséquence heureuse, après la victoire angevine du 25 mai due principalement à Bonchamps et à sa division, de relier au grand mouvement des Mauges, l'armée de Royrand. Le résultat final en a été le groupement définitif des divers soulèvements partiels de la région, groupement qui constitua la province royaliste connue sous le nom de « *Pays Conquis.* » On verra plus loin quels en furent les inconvénients. (Cf. Le Mis d'Elbée : *Le Généralisme d'Elbée*).

[1] « Ce plan si raisonnable (celui de Bonchamps) allait s'exécuter immé- « diatement lorsqu'on apprit la victoire de la Rochejaquelein aux Aubiers, « d'où les idées et les hommes prirent une autre direction. » (L'abbé Charruau, cité par Pitre-Chevalier : *Bretagne et Vendée*, 414, 415.)

[2] 19 avril. Nuaillé, commune du canton de Cholet à 7 kil. en avant de cette ville, vers Vihiers et Saumur.

[3] 20 avril. Château à l'entrée de Cholet, près du chemin de Saumur.

[4] 22 avril.

[5] 28 avril.

[6] 3 mai.

[7] 5 mai. Petite ville des Deux-Sèvres qui était encore entourée de son enceinte fortifiée, à environ 27 kilom. de Bressuire, 40 kil. de Châtillon et 53 de Cholet.

[8] 6 ou 7 mai.

on agita, de nouveau, la question la plus importante de toutes : de quel côté se diriger? Dans quelles conditions agir? Tout le pays soulevé était libre. L'armée de Quétineau, qui avait un instant menacé le Poitou, était détruite; celle de Leigonyer, en retraite, en plein désarroi, à Doné et Saumur ; Berruyer, inquiet de sa position à Jallais, en flèche comme il l'était au milieu du territoire ennemi, sans soutien d'aucune sorte, s'était rapidement replié jusqu'aux Ponts-de-Cé[1], Gauvillier avait précipitamment repassé la Loire, en déroute — pas pour longtemps, il est vrai. — Dans la Basse-Vendée, les bandes de Charette, de Guérin, de Joly, de Savin[2] tenaient en respect l'armée républicaine du littoral ; Royrand occupait les patriotes de Fontenay et des environs ; vers Nantes, les gars du Pays de Retz et du Loroux-Bottereau, guidés par Lyrot, Monnier et Lucas-Championnière empêchaient toute incursion ; enfin, du côté de Niort, il n'y avait rien à craindre, du moins pour le moment, tout y était dans un chaos indescriptible[3]. Rien n'empêchait donc l'armée de se rapprocher de la Loire et de servir de point d'appui à l'expédition proposée par Bonchamps. Tout venait à l'appui de son projet. La rive gauche de la Loire, entre Rochefort[4] et Champto-

---

[1] 22-26 avril.

[2] A supposer, comme le prétend Madame de la Rochejaquelein (*Mémoires originaux* 184), que la Grande Armée entretint, seulement après la prise de Saumur, des relations avec Charette et les chefs de la Basse-Vendée, ce qui est très-contestable, il est hors de doute que bien auparavant, les officiers des deux contrées étaient au courant de ce qui se passait, les uns chez les autres. On ne saurait au moins nier que Sapinaud, qui avait joint les généraux angevins à Cholet le 19 avril, ait, à son retour mis ses voisins au courant de ce qui se passait.

[3] Il en fut ainsi à Niort, même bien longtemps après cette époque ; le général Biron écrivait encore le 1er juin au ministre des Affaires étrangères : « J'ai « tout trouvé ici dans une prodigieuse confusion ! Je manque absolument « de tout. Ce dénuement total arrête tout ce que je pourrais faire. Je n'ai « pas un seul officier d'artillerie, pas un du génie, 100 chevaux d'artillerie « pour tout bien, point d'équipages de vivres, point d'équipages d'hôpitaux, « point d'artillerie et 300 hussards pour toute cavalerie en état de servir. » (Chassin : *Vendée Patriote* I, 586).

[4] *Rochefort-sur-Loire*, (Maine-et-Loire), bourg sur la rive gauche d'un petit bras de la Loire — le plus occidental — appelé le Louet, à 20 kil. d'Angers.

ceaux[1], c'est-à-dire la région dont ce général avait le commandement et la défense, était la seule, vraiment menacée par l'ennemi, qui déjà y faisait des incursions. Le commandant Viot, parti de Saint-Georges[2], sur la rive droite, venait de repasser le fleuve à Laleu[3], s'était jeté sur le Port-Girault[4] et avait repris l'île et la ville de Chalonnes[5]; Gauvillier, un instant refoulé, s'était porté de Rochefort à Saint-Aubin-de-Luigné[6] et aux Quarts-de-Chaume[7], balayant tout ce qu'il trouvait devant lui[8]. Les administrations républicaines s'étaient, depuis plus de quinze jours, réinstallées à Saint-Florent-le-Vieil. Il importait donc d'agir au plus vite et de rejeter les patriotes de l'autre côté de la Loire. Quelle meilleure occasion de les y suivre alors qu'ils seraient en pleine déroute?

Bonchamps demanda qu'on profitât de cette expédition pour faciliter à sa division le passage du fleuve. Malheureusement, pas plus à Thouars que plus tard, la majorité du Conseil ne voulut écouter la voix de la raison. Exaltés par le succès, les officiers poitevins qui s'étaient réunis à la grande armée Angevine à Bressuire et à Thouars même, n'eurent plus qu'une idée : marcher en toute hâte sur Parthenay[9], la Châtaigneraie[10] et Fontenay[11], tendre

[1] Bourg de l'arrondissement de Cholet (Maine-et-Loire). Sur un côteau très élevé formant la rive gauche de la Loire, à environ 35 kil. en aval de Rochefort-sur-Loire, et à 6 kil. en amont de la limite de la Loire-Inférieure.

[2] *Saint-Georges-sur-Loire* (Maine-et-Loire), petite ville sur la rive gauche du fleuve dont elle est éloignée de 3 kil. environ; en face et à 7 kil. de Chalonnes, à 16 kil. d'Angers.

[3] Village de la commune de la *Possonnière* (M.-et-L.), sur la rive droite de la Loire, à 6 kil. environ de Saint-Georges-sur-Loire, à 4 kil. environ en amont du Port-Girault et à 7 kil. de Chalonnes.

[4] Village, à 4 kil. environ de Saint-Georges-sur-Loire, dont il dépend.

[5] *Chalonnes-sur-Loire* (M.-et-L.), petite ville sur la rive gauche de la Loire, à 25 kil. d'Angers, à 9 kil. en aval de Rochefort-sur-Loire.

[6] Bourg situé sur le Layon, affluent de gauche de la Loire, à 8 kil. de Chalonnes et à 4 kil. de Rochefort.

[7] Vignoble renommé d'environ 15 hectares, près le village de Chaume, commune de Rochefort-sur-Loire.

[8] Cf. Deniau, *La Vendée*, II, 44.

[9] Chef-lieu d'arrondissement du département des Deux-Sèvres, à 35 kil. environ de Thouars.

[10] Bourg de la Vendée à 65 kil. environ de Thouars, 37 kil. environ de Parthenay et à 27 kil. environ de Fontenay-le-Comte.

[11] *Fontenay-le-Comte* était à cette époque le chef-lieu du département de la Vendée, à 46 kil. environ à vol d'oiseau, de Parthenay

la main à Royrand et aux autres qui guerroyaient dans ces parages. On fit remarquer non sans justesse, au parti Breton, qu'on trouverait en Bas-Poitou des soldats déjà organisés, de l'adhésion desquels on était absolument sûrs, tandis qu'on pouvait douter de ce qui se passerait outre-Loire et si l'on recruterait là-bas de nouvelles troupes.

Personne ne comprit que l'intérêt bien entendu du parti royaliste tout entier était, je le répète, d'armer le plus de bras et dans la plus grande surface de terrain possible ; que la Bretagne, alors immobile, fournirait, une fois soulevée, un contingent nouveau considérable, du concours duquel il importait de s'assurer au plus tôt, tout retard dans l'exécution du projet devant nécessairement diminuer les chances de succès. Peu importait, au contraire, qu'on retardât de quelques jours, au besoin de quelques semaines, la jonction avec l'armée poitevine du centre ; cette jonction devant forcément se produire à un moment donné ; en attendant, c'étaient toujours des royalistes qui luttaient. D'Elbée, tout entier à son système d'expansion vers le sud, préconisa lui aussi la marche sur Fontenay ; cette opinion triompha. En vrai soldat, Bonchamps s'inclina devant la décision du Conseil et se mit en marche avec le reste de l'armée, vers la Châtaigneraie, où il entra le premier, le sabre à la main, après un combat sanglant[1].

Toutefois, les nouvelles des Mauges[2] devenant de plus en plus inquiétantes, il dut quitter l'armée avec sa division, dans la soirée du 15 ou dans la nuit, pour rentrer à marche forcée sur le territoire dont il avait plus spécialement la garde, et le dégager des troupes républicaines qui l'envahissaient[3].

[1] *Mémoires originaux* de la M^ise^ de la Rochejaquelein, 158

[2] Région de l'Anjou où éclata le soulèvement de Mars 1793, et connue sous ce nom depuis la plus haute antiquité. Elle s'étend entre la *Diratte* à l'Ouest la *Moine* au Sud, la *Loire* au Nord et le *Layon* et l'*Hiróme* à l'Est.

[3] Un certain nombre d'historiens de la Vendée, pour ne pas dire le plus grand nombre, et parmi eux Beauchamp (I, 169), Deniau (II, 44) ont soutenu, malgré les dires de Mme de la Rochejaquelein, que Bonchamps était revenu directement de Thouars dans les Mauges, vers le 7 ou le 8 mai. Une note même, insérée on ne sait par qui, dans les *Mémoires* de la célèbre marquise, atteste que celle-ci se trompe (*Mémoires originaux*, 153, note 3). Les énormes

La décision prise de continuer sur Fontenay, malgré le départ
de Bonchamps, fut une faute capitale, qui aboutit à un désastre.
Celui-ci n'eut pas de peine à reprendre possession de la rive gauche
de la Loire ; mais n'ayant pas ses derrières assurés, il ne put rien
tenter sur l'autre rive. La Grande Armée, affaiblie des troupes

publications faites ces dernières années par M. Ch.-L. Chassin, l'érudit et infatigable historien révolutionnaire, ont mis au jour une proclamation du 13
mai et un ordre daté de La Châtaigneraie, le 15 mai, portant la signature de
Bonchamps (Ch.-L. Chassin. *Vendée Patriote* 1. 345. 346'. Le dernier, indiquant les emplacements pour la revue des troupes destinées à l'attaqué de
Fontenay, porte que la Division de ce général doit se réunir en Pré-Bailly.
C'est bien là une preuve de sa présence à la Châtaigneraie à ce moment-là.
quelques heures avant la bataille et qu'il n'était pas alors question d'un
départ immédiat vers l'Anjou. Il fallut évidemment une nouvelle fâcheuse
et pressante, arrivant à la dernière minute. pour l'obliger brusquement
à marcher sans délai vers la Loire. Voici. d'ailleurs, ces deux documents.

AU NOM DE L'ARMÉE CATHOLIQUE

Il est expressément défendu de rien prendre ou piller chez les habitants
de cette ville. S'il parvient des plaintes à cet égard, tous ceux qui demeu-
reront chez les personnes dont les réclamations seront justes et fondées,
seront responsables sur leur tête des dégâts, vols ou pillages qui pourraient
avoir été commis.

D'ELBÉE, DE LA ROCHEJAQUELEIN, LESCURE, DE BONCHAMPS, DESESSARTS.

Ce document provient des papiers de Mercier du Rocher, de Fontenay. On
sait que malgré cette défense absolue les généraux vendéens ne purent
empêcher complètement le pillage de la Châtaigneraie, fait très rare dans
la guerre de Vendée, de la part des paysans.

PAR LE ROI

Nous, commandants des armées catholiques et royales, ordonnons à tous
les officiers-généraux. colonels et capitaines desdites armées de réunir ce
soir, à trois heures, leurs corps respectifs, de faire l'appel, visiter les armes
et munitions, et distribuer les vivres pour deux jours.

Ceux qui sont sous le commandement de M. Stofflet se réuniront à la
Boursière ; ceux sous celui de M. de Marigny, aux Châtenais: ceux de M. de
Bonchamps, au Pré-Bailly ; ceux de M. de Lescure, dans le Pré-Moreau.
M. de Beauvollier réunira l'artillerie dans le pré du Château et la fera ran-
ger sous la Halle. L'inspection terminée. ces Messieurs viendront rendre
compte au Conseil où sera décidé ensuite l'ordre de marche pour demain.

Fait en Conseil à la Châtaigneraie ce 15 mai 1795, l'an I du règne de
Louis XVII.

D'ELBÉE, DE BONCHAMPS, DESESSARTS, STOFFLET, CATHELINEAU, LESCURE, BER-
NARD DE MARIGNY, DE BEAUVOLLIER, DE LA ROCHEJAQUELEIN.

La copie, sur laquelle cette pièce a été prise par M. Chassin, se trouve
dans les papiers de M. A. Bitton, « qui l'a prise dans la collection de Ben-

emmenées par lui, vint le lendemain se briser contre les soldats de Chalbos et subit une sanglante déroute, où elle laissa toute son artillerie. Il fallut que le marquis accourût à son secours, pour lui permettre, la semaine suivante, de réparer cet échec[1].

Dès lors, dans le Conseil, commença à se faire sentir l'influence de certains officiers étrangers au pays. Ils prirent pour leur compte, en l'absence de son auteur, l'idée de passer la Loire ; mais ils entendirent entraîner après eux l'armée tout entière. Le marquis de Donnissan, père de Mme de Lescure, le chevalier Des Essarts, qu'il attira dans son sillage, d'autres encore désireux d'étendre leur influence personnelle, n'eurent plus qu'une pensée : transporter tout l'effort de la lutte en dehors du territoire vendéen[2]. De même, lorsqu'à Saumur ils eurent reçu connaissance de ce plan, le prince de Talmond et le chevalier d'Autichamp sentirent rapidement l'importance qu'il y avait à opérer sur la rive droite. Malheureusement, poussés chacun par des mobiles très différents de celui de Bonchamps, ils contribuèrent, eux aussi, à empêcher l'exécution normale du plan si sage de celui-ci, alors qu'elle était encore pas-

---

jamin Fillon ; celui-ci l'avait tirée du dossier de l'imprimeur d'Angers, Pavie, lequel, retiré des cartons du parquet du tribunal révolutionnaire, ne se retrouve plus aux Archives nationales. — Quelle que soit son importance elle ne me paraît pas complète, car il n'y avait pas à la Châtaigneraie que les troupes de Stofflet, Marigny, Bonchamps et Lescure; parmi les autres signataires de l'ordre, d'Elbée et Cathelineau, au moins avaient eux aussi des troupes. Il n'en reste pas moins établi que Bonchamps était là avec sa division.

M. Chassin commet une erreur en prétendant que « dans aucun document n'apparaît un nom de chef du Bas-Poitou, ce qui prouve que l'expédition était angevine exclusivement » ! Parmi les signataires de ces deux pièces publiées par lui, il y a pourtant Des Essarts, Lescure, Marigny, de Beauvollier, de la Rochejaquelein, tous poitevins, et il ne reste que quatre angevins, les principaux, c'est vrai et qui avaient vraiment une armée derrière eux.

[1] 25 mai. — « Si tu n'as pas Bonchamps, tu vas être encore bien battu ! » criaient ce jour-là les bleus aux Vendéens. — « Tiens ! voilà ses balles à Bonchamps ! » ripostaient ceux-ci (*Mémoires inédits de l'abbé Martin*, cités par Chauveau : *Vie de Bonchamps* p. 114).

[2] Cf. Devaureix : *Observations sur la guerre de Vendée* 11 ; — Poirier de Beauvais, 111, 150, 151. La marche sur Poitiers avait été proposée dans le même but.

sible, qu'elle eût procuré le salut de tous et peut-être celui de la Monarchie, en fournissant aux royalistes une base assez solide d'opérations, pour leur permettre de marcher sans trop de désavantage sur Paris.

Donnissan était le seul officier-général nommé par le Roi, qui se trouvât alors dans les rangs vendéens, il était aussi l'un des plus âgés parmi les chefs. Après avoir fait les campagnes de 1758 à 1761 en Allemagne, comme capitaine dans Espinchal-cavalerie, il était entré aux grenadiers de France avec le rang de colonel. Gendre de Mme de Durfort elle-même dame d'honneur de Madame Victoire, tante de Louis XVI, il avait obtenu, en 1781, le grade de maréchal de camp. Il possédait certaines connaissances militaires, et était noté comme « un homme juste, exact, occupé de ses devoirs, très sensé. » Mais il est à croire que s'il était bon colonel, il n'avait pas à un haut degré les qualités d'un officier-général ; car, autant qu'on en peut juger par ses états de services, il n'avait jamais pu obtenir d'être employé activement dans son grade, malgré les démarches réitérées de Mme Victoire, sa protectrice et ses propres assiduités à la Cour. Assez tard, et pour remplacer une pension de 6000 livres que lui servait la couronne, comme dot de Mlle de Durfort, il avait été nommé grand Sénéchal de Guyenne. Cependant, il aurait pu rendre de grands services au mouvement, en raison même de son instruction militaire et de son caractère réfléchi, si l'on avait pu l'employer suivant ses aptitudes ; surtout, si lui-même avait voulu se borner aux fonctions qui lui furent conférées de *gouverneur-général du Pays Conquis*[1]. Mais il pensa qu'on ne lui faisait pas la situation prépondérante à laquelle son

[1] Mme de la Rochejaquelein et Benjamin Fillon prétendent, à tort, qu'il n'aurait reçu ce titre qu'au conseil tenu aux Herbiers le 6 septembre 1793. C'est une erreur ; Donnissan signe en cette qualité la proclamation adressée le 24 août précédent, par les généraux Vendéens, aux « Bons Français ». Il est à croire que cette fonction lui fut décernée à Fontenay, lors de la constitution du Conseil Supérieur.

Le gendre de M. de Donnissan, Lescure lui-même se rendait compte du peu d'influence de son beau-père sur les paysans, à tel point que, pour ce motif, il lui fit préférer le jeune la Rochejaquelein, quand il s'agit de choisir un nouveau généralisme, après le passage de la Loire (Cf. *Mémoires originaux de Mme de la Rochejaquelein*, p. 276).

âge et ses titres lui donnaient droit, croyait-il, dans l'intérêt même du parti.

Les Vendéens, confiants surtout dans les chefs qu'ils connaissaient depuis leur enfance, dont beaucoup étaient nés parmi eux, étaient peu disposés à accorder une grande autorité à cet étranger important, dont les capacités n'étaient point de nature à s'imposer d'une manière irrésistible. Entouré d'un petit cercle, il critiquait facilement tout ce qui ne se faisait pas selon ses idées. C'est à lui et à ses pareils, que Cathelineau s'étant aperçu de leurs agissements, riposta un jour, avec sa rude et franche indépendance de paysan : « Messieurs, en vous tirant de prison[1], en vous « associant avec nous, nous n'avons pas eu l'intention de nous « donner des maîtres. Si notre manière de faire la guerre ne vous « convient pas, séparons-nous. Telle est la proposition que je vous « fais ; l'armée angevine qui vous a délivrés, retiendra tout ce « qu'elle a apporté en venant ; pour le surplus, que nous avons pris « ensemble sur l'ennemi, nous le partagerons. Cela fait, moi et « mes premiers camarades, nous retournerons dans notre pays et « vous défendrez le vôtre, comme vous l'entendrez[2]. »

Plein de zèle pour la royauté et la religion, il se figura bientôt aisément que si l'armée quittait son pays d'origine et était transportée dans une région où elle recueillerait des adhérents nouveaux, il pourrait lui-même plus facilement atteindre la suprématie à laquelle il visait, non pas tant assurément par amour-propre personnel que dans la pensée d'être plus utile à la cause qu'il défendait d'ailleurs avec le plus grand courage, et la plus grande loyauté. Malheureusement ses grandes manières, son nom, ses titres, son grade, la place qu'il avait tenue à la Cour, la respectueuse

---

[1] M. de Donnissan, sa femme, sa fille, son gendre et plusieurs de leurs amis avaient été incarcérés à Bressuire par ordre du District et furent délivrés par la grande armée angevine, le 2 mai 1793. (V. plus haut.)

Il est à remarquer que les paroles prêtées à Cathelineau par Lebouvier Desmortiers en 1809 sont exactement les mêmes que celles rapportées par l'abbé Cantiteau dans sa lettre de 1807, publiée en 1877, par M. de la Sicotière.

[2] *Lettre du curé Cantiteau*, publiée par M. de la Sicotière, 30, 31. — Le Bouvier-Desmortiers : *Réfutation des calomnies publiées contre le général Charette*, 45, 46.— *Vie de Cathelineau*, 100, 101.

déférence.que lui prodiguaient les autres généraux, tout cela fit impression sur les avocâts et les prêtres formant le *Conseil Supérieur provisoire*, et par eux il pesa fâcheusement sur les destinées du parti. Avec Des Essarts et surtout Talmond, il a été l'un des auteurs responsables du funeste Passage de la Loire, lorsqu'après la déroute de Cholet, le désarroi causé par les blessures de d'Elbée, Bonchamps et Lescure lui eut fourni enfin l'occasion longtemps cherchée de l'opérer[1]. Faute immense, que ses deux acolytes et lui-même ont payée de leur vie, avec tant d'autres hélas !

Le chevalier Des Essarts, s'il était né aux environs de Bressuire, était d'origine normande ; il avait été élève à Paris, au collège d'Harcourt, puis, de là, était passé au Séminaire de Poitiers[2]. Il était demeuré dans cette ville jusqu'au moment où on l'incorpora de force dans un bataillon patriote. Il n'avait donc point ou à peu près point d'attaches dans le pays, où il était inconnu. Lorsqu'il avait réussi à s'échapper des rangs des républicains, il était venu se réfugier au château de Clisson, chez son ami Lescure, près duquel habitait déjà sa famille. Il était forcément tout préparé à subir l'influence du marquis de Donnissan, dans un milieu où ce dernier dominait sans conteste, et où le maître de céans lui-même, pourtant fort entêté, n'osait jamais contrecarrer ouvertement son beau-père.

Dès Fontenay, le 26 mai, le marquis de Donnissan se préoccupa d'une opération sur la rive droite, avec une troupe nombreuse. S'emparant du plan de Bonchamps et profitant de l'absence de ce général grièvement blessé la veille, il arrangea ce plan à sa manière. Comme si les principes d'une guerre régulière, telle qu'il l'avait autrefois pratiquée en Allemagne, pouvaient s'appliquer à la lutte actuelle, surtout avec les moyens dont on disposait[3], il développa

---

[1] Cf. Beauvais : 111. — Chassin : *Les prisonniers de Saint-Florent*, 310, 312, et *Vendée Patriote* III, 220-222.

[2] Cf. Michel de Monthuchon : *Notice sur MM. Michel des Essarts*, p. 5.

[3] « Les Vendéens combattirent presque toujours en partisans. Cette tactique leur était inspirée à la fois par la nature du pays qu'ils avaient à défendre et par la constitution précaire de leurs troupes improvisées. N'ayant pas la solidité des troupes de ligne, leur ordre de combat devait être essentiellement déployé et leur attitude défensive. Sous ce rapport, leurs

ses idées sur ce point et les fit prévaloir. Avec de pareilles théories, il importait évidemment de se rendre avant tout maîtres de Nantes, dont la possession assurait celle du cours inférieur de la Loire et des relations avec l'Angleterre. La possession de cette grande ville, la plus importante, à beaucoup près, de tout l'Ouest, donnerait une capitale au parti royaliste, le rendrait du coup maître de la Bretagne, ou du moins lui donnerait de grands moyens de s'y établir. Les règles les plus élémentaires de l'art militaire indiquaient qu'on ne pouvait être certain de la possession d'un territoire si l'on n'avait ses places les plus considérables. Enfin c'était le meilleur moyen d'assurer le passage entre les deux rives de la Loire.

« C'était une mesure mal calculée, fait très justement remarquer « M. de la Boëssière[1]. Avec de pareilles forces et dans de pareilles « circonstances, le grand but de cette opération militaire était « l'insurrection de la Bretagne, qui aurait ouvert la porte aux se- « cours de toutes espèces que pouvait fournir l'Angleterre. » Peu importait donc le passage par Nantes ou par un point quelconque, facile à occuper, pourvu que les communications restassent assurées entre les deux rives. Si l'on parvenait à soulever les régions au nord de la Loire, le mouvement de la Bretagne compléterait de ce côté l'investissement de cette ville populeuse, que les soldats de Charette et les gars du Pays de Retz bloquaient déjà par la rive vendéenne, et Nantes tomberait bientôt d'elle-même au pouvoir des royalistes[2].

« premières opérations, ainsi que celles qui précédèrent la fin de la lutte, sont « particulièrement instructives ; et l'on doit reconnaître que leurs chefs les « plus célèbres, tels que Bonchamps, La Rochejaquelein et Charette, de- « vancèrent leur époque, en appliquant sur une petite échelle, l'ordre dis- « persé tel qu'il devrait être généralisé, quatre-vingts ans plus tard, comme « une nécessité des guerres modernes. » (Devaureix : *Journal des Sciences Militaires*, XXVII, 435).

[1] *Loc. cit.* 22 23.

[2] Cf. Mis de la Boëssière *Loc. cit.* 23 ; Chassin : *Vendée Patriote*, III, 221, note 5. Il ne faudrait pas, pour défendre l'opinion de M. de Donnissan, tirer argument du peu d'entrain montré par les populations de la rive droite à se joindre à l'expédition d'Outre-Loire aux mois d'octobre et de novembre suivants. La situation à la fin de mai et aux premiers jours de juin 1793 était entièrement différente ; le soulèvement de la rive gauche avait alors

Enlever Nantes de vive force était une grave affaire qui ne se pouvait entreprendre que par la rive droite ; si l'armée se présentait sur la rive gauche, il suffisait aux républicains de couper l'un des ponts reliant la ville à son faubourg de Pont-Rousseau, pour arrêter net les assaillants. De ce côté il ne pouvait être question que d'un investissement qui aiderait la véritable attaque. Du moment où le Conseil avait décidé cette expédition, il ne s'agissait plus de faire passer le fleuve à quelques milliers d'hommes seulement. Pour une pareille entreprise, il fallait une armée nombreuse et compacte pouvant emporter la place, tandis que du côté du Pays de Retz[1], une diversion serait tentée pour occuper la garnison. On ne pouvait songer à transporter sur des barques une troupe si nombreuse, avec une cavalerie et une artillerie suffisantes ; il fallait de toute nécessité commencer par se rendre maître d'un pont. Or il

pour lui le prestige des victoires remportées, l'enthousiasme des soldats, tandis que l'échec subi devant Nantes le 29 juin d'une part et, d'autre part, les conditions lamentables dans lesquelles la Vendée traversa la Loire le 18 octobre n'étaient de nature à entraîner personne dans un mouvement qu prenait une tournure si fâcheuse. J'ajouterai que, de juin à octobre, les administrations républicaines et les représentants du peuple désireux d'éviter à tout prix, en Bretagne et dans le Maine, une lutte armée qui les eut mis dans l'impossibilité de réduire la Vendée, avaient fait tous leurs efforts pour calmer les inquiétudes des populations et les avaient presque partout traitées avec la plus grande douceur, ce qui forcément avait amené une détente dans les esprits et avait éloigné ceux-ci de l'idée d'une rébellion ouverte.

[1] Situé en face de Nantes sur la rive gauche de la Loire. Les généraux qui conduisirent la Grande Armée à Saumur : Cathelineau, Lescure, La Rochejaquelein, Stofflet, Donnissan et autres, s'étaient d'ailleurs peu préoccupés de s'assurer, avant leur départ, d'une diversion si nécessaire à la réussite de leurs projets sur Nantes. Charette, qui devait faire la fausse attaque de la rive droite, ne savait au juste à quoi s'en tenir. Dans ses *Mémoires*, Monnier, commandant du camp de la Loué, — entre Clisson et Nantes, — et du pays environnant, raconte que Charette l'envoya à Saumur « pour savoir s'ils avaient le projet d'attaquer Nantes. » Arrivé à Vihiers, Monnier apprit de quelques officiers que la Grande Armée « défilait sur Angers. » (*Mémoires sur la Guerre de Vendée*, de Louis Monnier, publiés par M. l'abbé F. Deniau, p. 37). Ce fut sans doute cette démarche qui décida les généraux à envoyer Donnissan se concerter avec le général de la Basse-Vendée. Mme de La Rochejaquelein me paraît encore à ce sujet attribuer uniquement à Lescure une initiative qui ne lui appartient pas. (Cf. *Mémoires originaux* de Mme de La Rochejaquelein 184, 185).

n'en existait que deux dont on pouvait s'approcher : Les Ponts-de-Cé[1] et Saumur[2]. L'effort fut dirigé sur ce dernier point.

C'est à Saumur que le Prince de Talmond et le chevalier d'Autichamp rejoignirent l'armée vendéenne. Le premier, issu d'une race quasi-royale, le plus noble de tous les officiers royalistes, avait cru que son nom et sa naissance devaient à eux seuls lui donner la prééminence sur tous les autres chefs. Fils des seigneurs de Thouars et d'une grande partie du pays, il fut peu satisfait de se voir décerner simplement le commandement de la cavalerie, commandement qu'en fait, il n'exerça guère, si j'en crois notamment Poirier de Beauvais[3] et Gibert[4] ; aimant mieux, quand il n'était pas cloué au lit par la goutte, combattre vigoureusement pour son compte, sans s'occuper de sa troupe. Son père, le duc de la Trémoïlle était encore comte de Laval et de Montfort, baron de Vitré, etc., etc., possédait d'immenses domaines dans le Maine et la Bretagne.

Le jeune prince était convaincu que sa seule présence dans ce qu'il appelait « ses Etats de Laval[5], » suffirait à grouper autour de lui une armée formidable dont il serait le chef incontesté. De cette façon, il prendrait à la tête du mouvement la place à laquelle il croyait lui aussi avoir droit ; ce ne serait pas en vain que les républicains l'auraient surnommé le *Capet des Brigands*[6].

Dans le principe, sans doute, il aurait seulement désiré être mis à la place de Bonchamps, à la tête d'un corps de jeunes gens,

---

[1] Petite ville à une lieue d'Angers, sur la rive droite et sur une île de la Loire, à environ 45 kil. en aval de Saumur et 90 kil. en amont de Nantes.

[2] Chef-lieu d'arrondissement du département de Maine-et-Loire, l'un des points de concentration de la résistance républicaine contre la Vendée, à environ 135 kil. de Nantes.

[3] *Loc. cit.*, 96, 190, etc.

[4] *Précis Historique*, publié dans la *Revue de l'Anjou*, XVII et XVIII, *passim*.

[5] Cf. *Interrogatoire de d'Elbée*, dans les *Mémoires* de Turreau, 143-144, en note (édition Baudouin, in 8°).

[6] « Ce passage de toutes les forces vendéennes de l'autre côté de la Loire « était un piège tendu par des émissaires républicains à l'imprévoyante pré-« somption de certains chefs qui croyaient, comme César, *venir, voir et vaincre*. » (Cf Le Bouvier-Desmortiers : *Réfutation des calomnies publiées contre le général Charette*, 195).

devant passer la Loire. Mais emporté par son désir de montrer sa
puissance, il oublia bientôt l'importance capitale qu'il y avait à
laisser le gros de l'armée vendéenne sur son propre terrain et parla
de traverser le fleuve avec cent mille hommes pour marcher sur
Paris[1]. Il fut, avec Donnissan, l'instigateur de l'exode en masse, sur
l'autre rive, malgré la leçon que l'échec de la tentative sur Nantes
eût dû leur donner. Nous verrons dans le cours de cette étude,
combien il fut coupable dans la soirée du 15 octobre 1793 et dans
la nuit suivante, lorsque chargé, sur sa propre demande, d'aller
à Beaupréau presser le retour sur Cholet, des caissons et des munitions de toutes sortes, il s'employa, au contraire à n'en pas faire
arriver, et courut jusqu'à Saint-Florent-le-Vieil, préparer le passage général[2].

On a accusé le chevalier d'Autichamp d'avoir aussi puissamment
contribué à cette déplorable entreprise, et d'Elbée lui-même,
sur le point de mourir, interrogé par Turreau, n'a pas hésité à
lui en attribuer, en partie, la responsabilité[3]. Ancien membre
de la garde constitutionnelle de Louis XVI, ce jeune homme,
alors sans expérience, n'avait qu'une pensée, lorsqu'il rejoignit
les Vendéens : marcher immédiatement sur Paris, avec leur armée
victorieuse, pour sauver le jeune Louis XVII et Marie-Antoinette.
Le passage en masse de la Loire était donc, à ses yeux, la
seule chose à faire. Mais bientôt l'expérience et les leçons
de Bonchamps, son parent et son chef, qu'il aimait et respectait,
dont il suivait aveuglément les avis, ne tardèrent pas à lui
faire comprendre dans quelles conditions une pareille expédition
pouvait être utilement exécutée. Il n'eut dès lors d'autre pensée que
de seconder le dessein de son cousin. Il n'en est pas moins vrai

[1] C'est donc à tort que Gibert lui attribue la paternité du plan élaboré
par Bonchamps. (Cf. *Dialogue du ci-devant Prince de Talmon, chef des
brigands de la Vendée et prisonnier de la République, avec le général Ros-
signol, en présence du représentant du peuple Esnue La Vallée, de la commission militaire de Rennes et de plusieurs officiers* ; dans les *Echos du
Bocage Vendéen* I. 162),

[2] Cf. Beauvais : *Mémoires*, III, 146, 151. — Chassin : *Vendée Patriote*, III,
221, 222.

[3] Cf. Beauvais : *Mémoires*, 80, 151.

que ses premiers discours eurent une influence mauvaise sur les membres du Conseil et qu'il mit un empressement fâcheux à se porter sur Varades, dans la nuit du 16 au 17 octobre 1795, ainsi que le remarque Beauvais[1]. Mais n'anticipons pas sur les événements.

Après la prise de Saumur, les Vendéens se débandèrent, comme après chaque affaire. C'est à grand'peine qu'on put réunir aux troupes, à peu près régularisées par Bonchamps, quelques milliers de paysans des environs de Beaupréau et de Chemillé. Les Poitevins étaient rentrés en grande partie dans leur pays[2]. Les habitants des environs de Nantes, surpris de voir aussi peu nombreuse une troupe qu'on leur avait annoncée comme la *Grande Armée Catholique et Royale*, se gardèrent prudemment de se joindre à elle.

D'aucuns ont voulu voir dans l'échec de Nantes la démonstration du peu de fonds que devaient faire les royalistes sur le système préconisé par Bonchamps. C'est une erreur étrange et qui a pu naître seulement dans des esprits prévenus ou ignorants des événements.

Je crois avoir établi déjà d'une manière indiscutable que le marqui a été complètement étranger à la décision prise de marcher sur cette ville. J'ai démontré, preuves en mains, qu'il était au con-

---

[1] *Mémoires*, 151.

[2] « L'armée marcha sur Nantes, mais, quoiqu'elle fût réunie à celle de « Bonchamps, les deux ensemble étaient peu nombreuses ; plusieurs pré-« tendent qu'elles ne formaient que huit mille hommes. J'ai déjà dit qu'il « était impossible de retenir les paysans sous les armes ; ils avaient la rage « de s'en retourner chez eux au bout de peu de jours et ils étaient alors « presque tous dans leurs foyers ; de plus il n'y avait pas beaucoup d'ardeur « pour aller attaquer Nantes ; cette ville n'étant pas de la région opposée « à la grande armée, les soldats n'en sentaient pas la nécessité. Enfin presque « tous les jeunes officiers poitevins étaient restés avec MM. de Lescure et « de la Rochejaquelein, ce qui diminuait la bonne volonté des paysans, car « ils aimaient à être commandés par les jeunes, surtout par ceux de leur « pays. » (*Mémoires originaux* de la marquise de la Rochejaquelein 188).

On sait que Lescure blessé à Saumur le 9 juin était rentré à son château de Clisson, près Bressuire. La Rochejaquelein laissé à Saumur pour défendre la place, lorsque le gros de l'armée s'était dirigé sur Angers, avait dû quitter cette ville le 26 juin, à l'approche des républicains ; il était lui aussi rentré en Vendée, au lieu de rejoindre l'armée marchant sur Nantes.

traire opposé à cette expédition, dont il prévoyait les conséquences, parmi lesquelles la moindre n'était certes pas la ruine de son plan, dans l'esprit des membres du Conseil et de certains généraux. Indépendamment des affirmations catégoriques que j'ai rapportées plus haut, notamment celles de sa veuve[1], il est aisé de comprendre que les quelques milliers d'hommes, dont il se proposait de former son corps expéditionnaire, n'auraient pu tenter pareille aventure. Pour admettre un tel projet de la part d'un général ayant donné tant de preuves de son génie et de ses connaissances militaires, il faudrait supposer chez lui une aberration complète de tout sentiment de la réalité, absolument inadmissible. Grièvement blessé à Fontenay, le 25 mai, il n'assistait pas au conseil où l'expédition sur Nantes fut décidée; il ne parut point à Saumur ni à Angers[2] ou du moins n'y vint qu'en passant, toujours pour la même raison, et rejoignit son armée seulement le 27 juin[3] donnant ainsi jusqu'au bout l'exemple de la soumission aux décisions du Conseil, alors même qu'il les désapprouvait. Sa conduite pendant cette affaire fut digne des plus grands éloges.

On me pardonnera de m'étendre sur cette opération militaire, qui m'écarte un peu de mon sujet. Je crois cette digression importante pour la suite de cette étude.

L'attaque avait été fixée au 29 juin, à deux heures 1/2 du matin; mais le 27, les généraux présents à Ancenis furent prévenus que le poste de Nort[4] tenait bon et menaçait d'inquiéter les derrières

[1] Pendant que l'on préparait l'expédition de Nantes, elle était au château de Landebaudière, près la Gaubretière (Vendée), soignant son mari blessé. Elle se trouvait, par conséquent, mieux que personne à même de connaître les idées du général à ce moment et elle affirme : « *M. de Bonchamps n'était point d'avis de marcher sur Nantes.* »

[2] C'était Fleuriot de la Freulière, qui commandait l'armée de Bonchamps pendant l'expédition de Saumur et jusqu'au 27 juin.

[3] Il rejoignit son armée pendant qu'elle marchait sur Nantes à un endroit nommé la « Maison Blanche » et située sur la route de Paris à Nantes entre Ancenis et Oudon. (Cf. *Souvenirs de la comtesse de la Bouëre*, 6 ; — Léon Séché : *La Légende de Cathelineau d'après un livre récent*, dans la *Revue des Provinces de l'Ouest*, IX, 229).

[4] Petite ville à quatre lieues en amont de Nantes, sur l'Erdre.

Mᵐᵉ de La Rochejaquelein (*Mémoires originaux*, 190), dit que Bonchamps « toujours retenu par ses blessures » ne fut pas au siège de Nantes ; Mes-

des assaillants. Ordre fut donné de l'enlever. Cathelineau s'y porta, accompagné de Talmond et de d'Autichamp[1]. Le siège de cette bicoque demanda dix ou douze heures, grâce à l'énergie de ses défenseurs, et les troupes vendéennes qui s'y étaient employées arrivèrent devant Nantes trop tard, le 29, complètement harassées et ayant brûlé la plus grande partie de leurs munitions. Bonchamps, au contraire, après avoir couché, le 27, avec son armée, aux environs de Oudon prenait contact, à 5 heures du soir, le 28, avec l'avant-garde ennemie, qui couvrait le camp de Saint-Georges, à une lieue en avant de Nantes, sur la route de Paris, et suivit l'armée patriote se repliant sur la première de ces villes[2]. Le 29, à l'heure dite, Charette et Lyrot, de l'autre côté des ponts, entamèrent la canonnade. Bonchamps qui n'avait pas consommé sa poudre, commença lui aussi son attaque, bien qu'il ait eu cinq de ses canons, sur six, de démontés dans les mauvais chemins. Au bout d'une heure, n'entendant pas tirer du côté de la route de Rennes, où devaient se trouver Cathelineau venant de Nort, et d'Elbée, il envoya reconnaître le terrain. On lui rapporta que les Nantais étaient bien sur le champ de bataille mais qu'on n'apercevait pas les royalistes. La prudence la plus élémentaire commandait à Bonchamps de ne pas laisser ainsi sa droite à découvert, il ordonna la retraite. Les républicains firent mine de le suivre, mais, au premier coup de son unique canon, ils rentrèrent dans

dames de Bonchamps (*Mémoires*, édition Lescure, 2?) et de La Bouëre soutiennent qu'il s'y trouvait. J'ai suivi l'avis de ces deux dames dont l'une tenait de si près au général et dont l'autre avait alors son mari dans la division des Bords de la Loire, où il servait comme officier supérieur ; je dois toutefois reconnaître que le seul document connu, émanant de Bonchamps à cette époque, est un ordre daté de Saint-Florent, le 1 juillet, qui a été publié par Benjamin Fillon (*les Vendéens à Ancenis*, 8). Il faut convenir que, si Bonchamps était absent, Fleuriot, son second, dirigea admirablement sa colonne.

[1] Cette colonne se porta d'Ancenis à Nort en passant par Blain. D'après la comtesse de la Bouëre (*Souvenirs*, 61), d'Elbée ne serait point allé à Nort, il serait resté à Ancenis, d'où il aurait dirigé l'attaque de cette petite place.

[2] On consultera avec profit sur ce point le *Rapport des représentants Merlin (de Douai) et Gillet, à la Convention*, Nantes 30 juin 1793 et le *Rapport de Canclaux au ministre de la Guerre* sous même date, aux *Arch. hist. de la Guerre* section 5, *Armée des Côtes de Brest*, carton 12).

la place. Dès qu'il eut connaissance de l'entrée en ligne des autres généraux avec leur colonne, il reprit son mouvement en avant[1].

L'action ne s'engagea sérieusement que vers sept heures, lorsque la troupe arrivant de Nort eut quelque peu repris haleine. Un feu très violent éclata sur tout le pourtour de la ville.

A un moment donné, quand l'attaque était à son apogée, Donnissan, qui pourtant n'avait pas la direction du combat, eut la maladresse de faire lever des canons battant des retranchements établis à la hâte par les républicains. Il jugeait qu'il n'y avait plus rien à faire de ce côté ! Cette mesure injustifiable permit aux Nantais de rétablir leurs affaires sur ce point. Lorsqu'un officier mieux avisé voulut replacer la batterie, il était trop tard ; les patriotes étaient maîtres du terrain[2].

Le prince de Talmond eut une influence encore plus néfaste sur le sort de la journée. Cathelineau, d'Elbée, Bonchamps et les autres chefs, comprenant bien qu'avec le peu de monde dont ils disposaient, il leur serait impossible d'investir entièrement, d'une manière utile, une place aussi étendue, avaient très habilement jugé qu'il importait surtout d'effrayer la population par une attaque extrêmement vive, afin d'amener les Bleus à se retirer et éviter ainsi une défense trop opiniâtre. « Bien des gens se défendent jusqu'à « la dernière extrémité, s'ils ne voient aucun moyen de fuir, qui « abandonneraient leur poste, s'ils avaient la possibilité de le quit- « ter », observe Mme de La Rochejaquelein à qui j'emprunte cet « incident. Afin de favoriser cette fuite, les généraux avaient résolu, dans le conseil de guerre « tenu avec plus de soin qu'à l'ordi- « naire », de laisser libre le chemin de Guérande, et le prince de

[1] Comtesse de La Bouère : *Souvenirs* 6e,

[2] « Cette résistance courageuse persuada à M. de Donnissan que les choses « étaient désespérés, et il fit lever une des batteries de canons. Cette bévue donna « aux assiégés le temps de reprendre haleine, et lorsqu'on voulut la replacer, « il n'était plus temps ; la chose devint impossible, il fallut absolument « lever le siège. (Cf. Gibert : *Précis historique sur la guerre de la Vendée*, dans la *Revue de l'Anjou*. XXVIII, 92). — On voit que ce furent bien plus encore les fautes de Donnissan et de Talmond qui obligèrent à lever le siège, que la blessure de Cathelineau, quoique prétende Mme de La Rochejaquelein, (Cf. *Mémoires originaux*, 18e).

Talmond lui-même avait signé cette délibération comme d'ailleurs tous les officiers y ayant participé. Malheureusement, peu d'heures après, oubliant ce qui avait été décidé, le prince crut faire un coup de maître en occupant le passage laissé ouvert à dessein, et en refoulant à coups de canons dans la ville les assiégés qui commençaient à s'évader. Dès lors, les Nantais voyant qu'ils n'avaient plus de ressources que dans une lutte désespérée, s'y employèrent avec ardeur et réussirent à repousser leurs assaillants[1].

Ces deux fautes inouïes furent chèrement payées. Les paysans déjà découragés par les blessures mortelles de Cathelineau et de Fleuriot de la Fleuriays, furent complètement démoralisés par la résistance opiniâtre des assiégés. Ils durent battre en retraite, rentrer dans leurs foyers, ayant manqué à tout jamais l'occasion favorable d'amener la Bretagne à coordonner utilement son effort avec le leur.

III

L'expédition de Nantes, qu'on n'aurait pas dû tenter, fut la pierre d'achoppement contre laquelle vint se briser l'action royaliste. Ce fut le succès inespéré de Baco, et de Canclaux, le 29 juin 1793, secondés par le dévouement de Meuris et de la garnison de Nort, qui, il faut le reconnaître hautement, sauva la Convention et les Jacobins. On doit en toute équité proclamer que malgré le courage des défenseurs de la grande cité, ce résultat fut dû, surtout, aux fautes de leurs assaillants[2].

---

[1] Les autorités militaires et les Représentants du Peuple avaient longtemps discuté sur l'opportunité d'évacuer Nantes, Merlin (de Douai) et Gillet avaient même donné des ordres dans ce sens au général Canclaux; d'autre part les caisses publiques, les archives et autres objets précieux avaient déjà été embarqués, en prévision de cette évacuation forcée. (Cf. *Mémoires originaux de la Marquise de la Rochejaquelin*, 189, 190. — Gibert : *Précis*, loc. cit 9! — Chassin : *Récit authentique de la défense de Nantes*, 24, 25 et : *Vendée Patriote* II 238, 239. O. de Gourcuff: *Le siège de Nantes*, 13, 14.)

[2] « Jamais attaque ne fut plus mal combinée et plus mal dirigée que celle-là ». (Turreau, *Mémoires* ; Edit., Baudouin, p. 77).

Bonchamps ne pouvait se faire d'illusions ; un tel échec sur la rive droite de la Loire, c'était l'ajournement indéfini de la mise à exécution de son plan, sinon la ruine de celui-ci ; c'était par dessus tout l'écroulement totale du prestige acquis par les victoires précédentes dans l'esprit des populations de la Bretagne, du Maine et d'une portion de l'Anjou. Enfin c'était, pour les membres du Conseil, partisans de l'action vers le Midi, un motif inéluctable de se refuser désormais à toute tentative nouvelle du côté du Nord. D'Elbée, malgré ses préférences, s'était loyalement et bravement prêté à l'expédition sur Nantes. S'il n'en avait pas organisé les débuts, blessé qu'il avait été le 16 mai, à la première bataille de Fontenay, on peut dire du moins qu'il en avait été le directeur effectif, sous l'autorité plutôt nominale de Cathelineau et qu'il n'avait pas dépendu de lui que les choses prissent une meilleure tournure. Il en revint absolument convaincu qu'il n'y avait rien d'utile à tenter pour les Vendéens au delà de la Loire. Je ne sais s'il consentit à envisager la question au point de vue spécial où la présentait Bonchamps, ou s'il s'obstina à ne pas vouloir admettre de différence dans son jugement entre une action générale, telle que celle qui venait d'échouer, et une action partielle, indépendante, telle que la voulait le commandant des bords de la Loire Ce qu'il y a de certain, c'est qu'à ses yeux, l'expérience était pleinement et définitivement concluante. Désormais nous le verrons s'opposer à peu près toujours, de toute sa force, à la réitérer sous quelque forme que ce soit, employant à cela toute l'autorité que va lui donner son nouveau titre de généralissime[1].

---

[1] Le résultat d'une expédition en Bretagne, comme la comprenait Bonchamps, c'est-à-dire avec quelques milliers d'hommes, avait été certainement compromis par l'échec devant Nantes ; mais il y avait encore des chances de succès, surtout avec un homme comme celui qui proposait de tenter l'aventure. D'Elbée manqua de clairvoyance en s'obstinant vers le Midi où il ne pouvait rien faire d'utile pour le parti, au lieu de chercher à s'implanter sur la rive droite de la Loire, coûte que coûte. Ce fut une faute au point de vue stratégique, et l'échec du 29 juin n'aurait pas dû être pour lui un argument contre le plan de Bonchamps, absolument différent des principes qui avaient amené la marche sur Nantes. Je crains que M. le Mis d'Elbée, dans son *Généralissime d'Elbée* (4. 5) ait été trop entraîné par son illustre grand oncle, et n'ait pas assez distingué, lui non plus, que la marche sur Nantes n'a rien à voir avec le plan qui nous occupe, mais est, au contraire, en opposition avec lui.

Son but unique, désormais, dont il ne se départira que pour défendre le territoire envahi, c'est d'abord la possession du Poitou, et de la côte de l'Océan, puis celle du Midi ; ce qu'il lui faut, c'est se rendre maître d'un port : Saint-Gilles ou les Sables, par lequel il pourra communiquer avec les auxiliaires dont il aura besoin.

Aussi le voit on constamment se retourner vers Luçon, qui est comme la clef de ces deux villes[1].

Si les sarcasmes que Madame de La Rochejaquelein prête, sans aucune preuve, à Bonchamps à l'égard de d'Elbée[2], pouvaient avoir quelque apparence de réalité, je me les expliquerais comme une conséquence du chagrin éprouvé par le premier, de voir le commandement suprême décerné à l'homme qu'il savait le plus systématiquement opposé à son plan de campagne.

Au surplus ce n'était pas le moment de songer à une autre incursion, quelle qu'elle pût être, en Bretagne ou ailleurs. Le territoire vendéen n'avait pas trop pour l'instant du secours de tous ses dé-

---

[1] « Nous sommes aussi très persuadés de la nécessité d'avoir un port pour « communiquer avec le gouvernement britannique. Notre expédition sur Lu- « çon avait pour but cet important objet. Malheureusement elle n'a pas réussi.» (Dom Chamard : *Correspondance inédite concernant la Vendée militaire*, p. 16, — lettre au baron de Gilliers, de Chatillon, 18 août 1793). — « On « pourroit.... nous aider à prendre Saint-Gilles-sur-Vie et les Sables-d'O- « lonne, nous fournir de quoi garder les places conquises, alors les com- « munications seront assurées ; on aura des nouvelles respectives des uns « et des autres, et il sera plus facile de concerter les plans. » (*ibid*, p. 24, Réponse aux neuf questions du baron de Gilliers). « Seuls nous pouvions re- « donner au royaume toute sa splendeur ; l'intérieur de la France nous pré- « sentait assez de ressources pour exécuter ces desseins glorieux ; mais, ayant « échoué devant Nantes, il fallait renoncer à faire la guerre sur la rive droite « de la Loire. Nous devions diriger nos opérations vers le Midi, et ce fut tou- « jours mon avis dans le conseil souverain. » (*Interrogatoire d'Elbée par Turreau*, dans les *Mémoires* de celui-ci, p. 144, en note, édition Baudouin, in-8°). (Cf. marquis d'Elbée : *Le généralissime d'Elbée*, 5, 6).

[2] « M. de Bonchamps en rit aussi (de l'élection de d'Elbée, comme généra- « lissime) ; il écrivit de son lit où le retenaient ses blessures, à M. d'Elbée « qui lui avait fait part de son élection : Monsieur, je vous fais compliment « de votre nomination comme généralissime, ce sont sûrement vos rares ta- « lents qui ont fait faire ce choix. » (*Mémoires originaux* de Mᵐᵉ de la Rochejaquelein, 208). Pourquoi Bonchamps, s'il écrivit cette lettre, ne l'aurait-il pas fait sérieusement ? les qualités et le talent de d'Elbée méritaient de tels compliments, quoi qu'en puisse penser la célèbre marquise.

fenseurs, pour repousser l'avalanche républicaine, qui le ravageait jusqu'au cœur démontrant ainsi, mieux que ne l'eussent pu faire tous les discours de Bonchamps, l'insuffisance matérielle de la région où l'on opérait depuis trois mois et demi, pour y asseoir le siège même de la résistance royaliste.

Westermann, « le boucher des Vendéens », n'avait pas hésité à s'engager, avec sa colonne, au milieu du Bocage. Le 3o juin, pendant que d'Autichamp ramène à Ancenis Cathelineau mortellement blessé[1], il sort de Saint-Maixent se dirigeant sur Parthenay, où il espère surprendre Lescure, souffrant encore du coup de feu reçu à Saumur; celui-ci n'a que le temps de s'enfuir à son approche[2]. Le lendemain le général républicain pillait et incendiait le bourg d'Amaillou et le château de Clisson, demeure habituelle de son ennemi, le 2 juillet, il entrait sans coup férir à Bressuire et le 3, à Châtillon, après un combat acharné où il avait battu à la fois Lescure, Henri de la Rochejaquelein et Stofflet[3]. Les Vendéens et leurs chefs se replièrent sur Cholet. Il ne pouvait plus être question d'autre chose que de repousser l'assaillant. Bonchamps arriva dans cette ville avec son armée, dans la soirée du 4 juillet[4], il y retrouva d'Elbée, Stofflet et les officiers Poitevins. C'est de là qu'on partit le lendemain pour reprendre Châtillon.

Dès lors, et pendant des semaines, les troupes républicaines ne donnèrent plus un instant de répit aux royalistes attaqués de toutes parts ; d'Angers, de Saumur, de Thouars, de Niort, de Fontenay, des Sables, de Nantes, des armées patriotes nombreuses menacent le pays sur lequel elles vont se précipiter. La Barolière arrivé le 12 juillet à Brissac, vient camper le 14 à Martigné-Briand, d'Elbée et Bonchamps y courent ; la bataille, d'abord favorable aux Vendéens,

---

[1] Cf. B. Fillon. *Entrée des Vendéens à Ancenis*, 7, 8.

[2] Cf. Savary, I, 3o0.

[3] Cf. *Mémoires Originaux de la Marquise de la Rochejaquelein*; — Beauvais ; *Mémoires*, 6?-69.

[4] C'est à tort que Beauvais (p 61 de ses *Mémoires*), dit qu'il rencontra Bonchamps. à Cholet, dans la soirée du 3 juillet. Ce général était encore dans la matinée du 4 à Saint-Florent-le-Viel, d'où il ordonnait au comité royaliste d'Ancenis de faire passer à Champtoceaux tous les bateaux qui se trouvaient à leur bord. (Cf. B. Fillon. *Entrée des Vendéens à Ancenis*, p. 8).

tourne contre eux par suite d'une fausse manœuvre de Marigny et
de Beauvais. Bonchamps est atteint grièvement au bras d'une blessure, dont il se ressentait encore lorsqu'il fut mortellement frappé
le 17 octobre suivant, à Cholet, et dont, selon toute vraisemblance,
il eut été incommodé pendant le reste de ses jo̲urs[1]. Le voilà obligé
de se retirer à Jallais, où la gravité de son état le force à demeurer.
Pouvait-il être question désormais, pour lui, en un pareil moment,
d'une expédition en Bretagne? Cependant le cercle se rétrécit autour des Vendéens ; ce que le génie du général avait prévu dès le
début se réalise à la lettre et l'armée royaliste, enserrée entre ses
ennemis acharnés, est obligée de faire tête partout à la fois.

Le généralissime tout à son idée de s'emparer d'un port sur la
côte poitevine et poussé dans ce sens par Lescure, se fait battre
deux fois de suite aux abords de Luçon[2], sans pour cela renoncer
à son projet.

Au milieu de tous ces événements, de ces luttes journalières aux
issues diverses, les partisans quand même de l'exode en masse
vers la Bretagne, ne perdaient pas de vue leur idée. Mais ils se gar-
daient bien encore de la préciser publiquement, se bornant à prô-
ner ouvertement l'opinion de Bonchamps, toujours retenu à Jallais
par ses blessures. Les choses en étaient là, quand le chevalier de
Tinténiac parvint à Châtillon, porteur de dépêches des Princes
français et du Cabinet britannique.

Ce fut, pour les gens du parti Breton, un nouveau motif de préconiser une expédition outre-Loire, dans laquelle, n'ayant ni Saint-
Gilles, ni les Sables, on se rendrait maîtres d'un port où l'on pourrait recevoir les secours offerts par l'Angleterre. Il faut convenir
que cet argument avait une réelle valeur et qu'il était plus pratique
de tenter de s'emparer d'un port peu éloigné de Jersey, où les Anglais concentraient alors des armements importants[3], que de s'obs-
tiner vers la côte poitevine, d'où l'on avait été plusieurs fois refoulés
et où la flotte britannique mettrait plus de temps à parvenir, si les

[1] Cf. Beauvais : *Mémoires*, 72-73.

[2] 30 juillet et 4 août 1793.

[3] Ch. Mme de la Rochejaquelein : *Mémoires originaux*, 212.

promesses du gouvernement. de Londres étaient loyales. Malheureusement Bonchamps n'était pas là, pour mettre les choses à leur
juste point et le sentiment de d'Elbée prévalut dans la réponse
adressée au gouvernement Anglais et aux Princes[1]. On proposa une
descente sur les côtes du Poitou et le Conseil se contenta d'ajouter
que si « un débarquement de ce côté était absolument impossible,
« on pourrait du moins entrer en Bretagne, et armer les habitants
« qui, sont bien disposés, et n'attendent que des chefs[2]. » Dès lors,
un véritable complot fut ourdi, dont les chefs étaient Donnissan et
Talmond, secondés par des Essarts. Il leur fallait à tout prix trouver le moyen de forcer la main au généralissime et aux autres officiers angevins ou poitevins, afin d'entraîner l'armée vendéenne au
travers de la Bretagne. Leur thème était qu'il fallait changer l'état
de la guerre en l'établissant sur la rive droite de la Loire, où on
porterait le plus de monde possible afin de faire diversion.

Il semble que ce complot prit une forme définitive aussitôt après
le départ du chevalier de Tinténiac[3], c'est-à-dire vers la fin du mois
d'août. Il est certain en tout cas qu'il était suffisamment mûri dès
le 15 septembre, pour que ses auteurs cherchassent alors à faire des
prosélytes. C'est ce jour-là, ou le lendemain au plus tard, que Donnissan s'en ouvrit à Poirier de Beauvais, qu'il devait considérer
comme gagné d'avance à son idée, Beauvais étant lui aussi étranger à la Vendée. Mais il s'était mal adressé ; vertement relevé par
son interlocuteur, il se garda bien désormais, ainsi que ses complices, de lui laisser deviner les préparatifs qu'ils continuèrent de

[1] 18 août 1793, de « Châtillon-sur-Sèvre en Poitou. » (Dom Chamard :
Loc. cit., 8, 14, 16)

[2] *Réponse aux neuf demandes contenues dans le Mémoire de M. de
Gilliers*, British Museum, vol. 8028, *additions*, fol. 14, et page 23 du *Recueil*
de dom Chamard.

[3] Vincent, second fils du Marquis de Tinténiac, baron de Quimerc'h en
Bannalec, et d'Ann -Antoinette de Kersulguen Surnuméraire aux chevaux-
légers de la Garde, en 1779, émigré ; il fit plusieurs fois au péril de sa vie le
voyage entre Jersey et la Vendée, comme émissaire du comte de Provence
ou de son frère, chargé des propositions du gouvernement Anglais. Il fut
tué le 18 juillet 1795 dans un combat devant le château de Coët'ogon, entre
Ploërmel et Pontivy.

faire cependant[1]. Malheureusement un certain nombre d'officiers, auxquels on présenta ce projet comme la mise en œuvre du plan de Bonchamps, se laissèrent gagner.

Le 18 septembre, à la prière de d'Elbée, le marquis dut s'arracher du lit où le retenait encore la blessure reçue à Martigné-Briand[2], pour courir au devant des Mayençais. Le lendemain, il s'illustrait à Torfou.

Le 20, au matin, pendant qu'il dessinait son mouvement sur la droite, le reste de la Grande Armée Catholique et Royale, de concert avec Charette, assaillait Beysser à Montaigu et s'emparait de cette ville. L'imminence du danger avait réuni pour un instant toute les bonnes volontés autour du généralissime et de Bonchamps. Le succès, l'espoir d'une sécurité passagère, firent renaître les prétentions personnelles et ce déplorable esprit de particularisme qui a perdu la Vendée. Lescure, confiant seulement dans les talents militaires qu'il se croyait bien à tort[3], Charette toujours jaloux, transgressent, le jour suivant, les décisions qu'ils ont contribué de prendre. Au lieu de tenir leur rôle dans l'attaque sur Clisson,

[1] « Un peu avant ce temps, on avait formé au Conseil le projet de faire « passer la Loire à l'armée de Bonchamps pour opérer une diversion; mais « dans cet état de crise (car nous étions informés du plan des républicains), « plusieurs chefs projetèrent de quitter le pays avec ce qu'ils pourraient de « monde, pour changer l'état de la guerre, en l'établissant sur la rive droite « de la Loire. Le général de Donnissan m'en parla à Mortagne, immédiate- « ment après l'action de son gendre Lescure sous Thouars (14 septembre « 1793). Autant que je puis le croire, Donnissan était d'intelligence avec le « prince de Talmond et des Essarts fils. Lescure n'y était pour rien. Je dis « au général que nous ne pouvions, sans nous déshonorer, abandonner ces « braves paysans qui s'étaient battus tant de fois pour nous, et qui, loin « d'être effrayés ou découragés, ne demandaient pas mieux que de se battre « encore. — Ma franchise ne plut pas à Donnissan, je le vis bien, et l'on me « cacha soigneusement ainsi qu'à bien d'autres, les préparatifs que l'on fai- « sait à ce sujet. Je puis assurer que le généralissime d'Elbée, lui-même, les « ignorait ». (Poirier de Beauvais, *Mémoires*, 111).

[2] Le 15 juillet précédent, comme on l'a vu plus haut.

[3] « Lescure était religieux, humain, brave, un modèle de toutes les vertus « Cette grande obstination à laquelle il était sujet ne venait que de la con- « viction qu'il avait lui-même, qu'il faisait bien. Il voulait toujours tourner « les choses à la manière qu'il croyait utile à ses vues, ce qui fait que ses « succès ne répondaient pas toujours à ses desseins. » (*Mémoires* de Beau-vais 110).

qui devait amener la destruction totale de l'armée de Mayence,
ces deux généraux abandonnent Bonchamps et les siens aux coups
de l'ennemi, se contentant de lui envoyer, seulement dans l'après-
midi, un émissaire qui a cent chances contre une de ne pas joindre
le général — et qui de fait ne lui parvient pas. — Ils s'en vont de
concert livrer bataille à Saint-Fulgent[1]. Le général des Bords de la
Loire fait des prodiges. Mais il ne peut à lui seul empêcher ses

[1] « On a fait un reproche à M. Charette qui, s'il étoit mérité le rendroit une
« des causes de la destruction de notre armée. J'ai ouï dire à des officiers,
« qu'il étoit convenu avec M. de Bonchamps d'aller le lendemain (de la prise
« de Montaigu qui est du 20 septembre) attaquer le noyau de l'armée de
« Mayence qui se trouvait à Clisson. M. de Bonchamps, secondé des gens
« du Loroux, attaqua l'avant-garde au jour indiqué et lui enleva toute son
« artillerie. Mais le général Canclaux étant arrivé avec son armée, la partie
« ne se trouva plus égale... M Charette, au lieu de tourner de ce côté,
« nous mena au bourg de Saint-Fulgent où se trouvait une garnison de
« 4000 hommes. (*Mémoires*, mss. de Lucas-Championnière).

« En conséquence d'une délibération qui eut lieu à Tiffauges, après l'action
« *de Torfou*), M de Bonchamps, partit, dès le soir même pour aller faire
« la convocation de son armée. — M. de Bonchamps n'était pas le lende-
« main à Montaigu. Le conseil précité avait décidé que M. de Bonchamps
« ayant fait son rassemblement, se porterait le surlendemain sur Clisson, où
« l'armée, qui aurait pris Montaigu la veille, se trouverait pour attaquer
« cette ville de concert avec lui. — Un nouveau conseil tenu à Montaigu le
« lendemain de la prise, par conséquent le jour où l'on était convenu d'at-
« taquer Clisson, changea ces dispositions en déterminant la marche sur
« Saint-Fulgent. Il y eut de longs débats dans ce conseil : une grande partie
« des chefs voulurent tenir l'engagement pris avec M. de Bonchamps. Ils re-
« présentaient qu'on compromettrait son armée, en l'exposant à une at-
« taque dans laquelle elle ne serait pas secondée ; qu'on n'était pas sûr que
« les courriers qu'on pourrait lui envoyer puissent le rencontrer, l'ennemi
« occupant le pays qui les séparait de lui. M de Charette, qui tenait presque
« seul à l'avis contraire, alléguait qu'il était dangereux d'attaquer Clisson
« avant d'avoir éloigné l'armée qui était à Saint-Fulgent, que quelque fut,
« disait-il, celui des deux postes qu'on attaquât, battu, on serait infaillible-
« ment pris en queue par l'autre ; qu'il était par conséquent important
« d'attaquer le premier, celui qui offrait le plus d'espérance de succès ; que
« Clisson était fortifié par son château et par la Sèvre et qu'au contraire
« Saint Fulgent était absolument découvert. Il fut invariable à son opinion,
« de sorte que le Conseil fut dissous sans résolution aucune. M. de Charette
« se préparait à partir pour Saint-Fulgent et les autres pour Clisson. Les
« troupes étant rassemblées, il était environ deux heures de l'après midi,
« M. de Lescure et les autres chefs de la grande armée accédèrent tous et
« la résolution de M. de Charette, dans l'espérance qu'un courrier parvien-
« drait encore à temps à M. de Bonchamps... Leur attente fut vaine ; le
« courrier ne parvint pas. » (*Note de A. de Béjarry, officier de l'armée ven-*

rudes adversaires de rentrer dans Nantes, où ils vont se refaire pour revenir bientôt écraser les royalistes[1].

Enfin, Charette mécontent de Lescure[2] se sépare brutalement de la Grande armée ; celui-ci s'en va guerroyer du côté de la Châtaigueraie[3]. Services rendus, victoires remportées, rien ne compte plus devant l'intérêt de chacun. D'Elbée et Bonchamps abandonnés par les autres chefs restent forcément en expectative. Et pendant que tous deux, plus perspicaces que leurs voisins, se morfondent à ne pouvoir agir, sentant bien que le sort de la Vendée est subordonné aux futurs agissements de Canclaux et de Kléber, Donnissan, Des Essarts, et Talmond continuent leur travail secret, pour amener la Grande Armée Catholique et Royale à l'exécution de leur plus cher désir.

déenne publiée par son fils dans ses *Souvenirs Vendéens*, 91-92) Il est bon de se rappeler que Béjarry, parent de Lescure est toujours très particulièrement favorable à ce général

« Le 20 septembre, la veille de cette bataille de Montaigu, M. de Bonchamps
« nous avait quittés à Tiffauges, avec son armée, pour aller par Vallet at-
« taquer Canclaux, sachant qu'il devait se mettre en marche pour Nantes,
« ou l'attaquer à Clisson, s'il ne marchait pas. Dans l'un ou l'autre cas,
« d'après le plan de campagne arrêté en Conseil, nous devions avec la grande
« armée, supposant la victoire de Montaigu, nous porter en avant et l'atta-
« quer par son front. — Il avait été convenu encore que cette double attaque
« serait conduite de façon qu'elle se ferait au même moment ou au moins
« à peu d'intervalle, devant nous avertir par des courriers. Mais, chose in-
« concevable ! si l'on ne savait par mille expériences à quoi l'intérêt parti-
« culier peut conduire les hommes ! .... On se permet de manquer à la
« parole donnée. — Lescure et ses adhérents firent rompre le projet de mar-
« cher sur Canclaux *pour achever la dispersion de son armée*, s'occupant
« peu de ce que deviendrait Bonchamps en attaquant seul, si le courrier qui
« porterait la nouvelle de ce changement était expédié trop tard. Ils y mirent
« en effet, un funeste délai. On préféra marcher sur la troisième colonne
« de Canclaux, à Saint Fulgent ; j'imagine parce que l'ennemi après les
« premières victoires, encore battu en cet endroit, laissait libre par cette
« dernière défaite le pays qui joint la partie où commandait Lescure. » (Poirier de Beauvais, 124, 125).

[1] L'armée de Mayence coupée de sa ligne de retraite sur Nantes, comme elle l'eût été infailliblement si Lescure et Charette avaient exécuté les décisions prises en conseil, c'était, au dire des officiers les plus compétents, la conquête assurée de cette grande ville par les Vendéens et la perte non moins certaine de l'armée de Mayence elle-même engagée dans un pays qu'elle ignorait (Cf. Marquis d'Elbée : *Le Généralissime d'Elbée*, 7).

[2] Marquis d'Elbée : *Le Généralissime d'Elbée, 7.*

[3] Cf. *ibid.*

Le Conseil Supérieur et le Conseil de l'armée n'avaient pu naturellement rester sourds aux inquiétudes formulées par les deux
généraux, sur les conséquences déplorables qu'allait avoir pour le
parti la faute commise en laissant rentrer dans Nantes les Mayençais,
qui s'y préparaient à retomber sur le pays plus terribles que jamais.
Le seul remède à tenter, pour détourner ce fléau, du territoire soulevé, c'était évidemment d'essayer *in extremis* la diversion en Bretagne proposée quatre mois auparavant par Bonchamps. On avait,
quelque chance, en agissant rapidement, de retenir enco:e sur la
rive droite au moins une partie des troupes ennemies de plus si le
pays se soulevait, on pouvait espérer parvenir à s'emparer d'un
port sur la Manche, demande constante du gouvernement de
Londres. La situation, assurément, n'était plus ce qu'elle avait
été à la fin de mai ou au courant de juin précédent ; mais un
homme déterminé, à la tête d'une troupe compacte et facile à
manier, ayant des intelligences dans les pays qu'il s'agissait de
soulever, pouvait encore espérer légitimement un résultat précieux. D'ailleurs c'était la seule planche de salut qui restât,
toujours, bien entendu, à la condition que la Grande-Armée conservât sa consistance en Vendée. Il ne pouvait plus être question
alors de se rendre maître de la côte poitevine, on n'en avait plus le
temps. Il fallait continuellement être tourné du côté de Nantes,
prêts à barrer la route aux troupes républicaines qui pourraient en
sortir ; d'Elbée n'avait donc aucune raison de s'opposer cette fois
à l'expédition tentée par un petit corps de troupes, il ne paraît pas
qu'il y ait fait d'objection. Un seul homme était capable de réussir
encore : c'était Bonchamps. Toujours disposé à se sacrifier à l'intérêt
général, il n'hésita pas, malgré le triste état où l'avaient mis ses
blessures, à courir au danger et à entreprendre dans des conditions
aussi défavorables, une opération qui pouvait assurer le salut de
son parti tout entier ; il s'employa dès lors à exécuter son plan. Se
dévouant ainsi, pour ses compagnons de luttes, à une entreprise
dont il ne pouvait pas ignorer les dangers actuels ; oublieux de soi-
même, s'offrant, en un mot, pour tenter d'assurer aux siens une
dernière ressource.

Cependant les partisans du passage en masse sur la rive droite

n'avaient pas vu sans désappointement ce général reparaître à
l'armée. Tant qu'ils l'avaient su enfermé, blessé, au château de
Jallais, ils avaient prétendu s'appuyer sur ses propres idées pour
préconiser l'action de l'autre côté du fleuve. Le retour du marquis
déjouait leurs menées, ils n'hésitèrent pas à modifier leur tactique
et prirent prétexte de l'organisation de l'expédition proposée par lui,
autour de laquelle ils menèrent grand bruit, pour continuer à préparer l'exode qu'ils entendaient perpétrer à la première occasion.
Ils s'y prirent si habilement, qu'ils surent cacher jusqu'au bout la
mise en action de leurs projets, même au généralissime, qui n'en
eut que de vagues soupçons[1], et furent assez adroits pour que
nombre de gens peu renseignés jusque là où renseignés par eux
aient cru que le projet de Bonchamps prit naissance seulement
au mois de Septembre et que le passage de la Loire en masse fut
l'œuvre de ce général. On sait désormais combien cette opinion
est fausse. Elle semble avoir été savamment répandue et entre-
tenue par ceux surtout qui avaient intérêt à dégager la mémoire des véritables instigateurs responsables du passage, responsabilité rendue bien lourde par les terribles malheurs qui en furent
la conséquence. La marquise de la Rochejaquelein, fille de Donnissan s'est fait l'écho de ce bruit, si favorable à son père. On dirait,
à la lire, qu'elle a entendu alors pour la première fois parler dans
son entourage de l'expédition qui se préparait. Bonchamps doit en
supporter tout le poids[2]. Un grand nombre d'historiens de la

---

[1] « On m'a caché ce projet seulement on m'a demandé de faire assurer,
« par trois mille hommes choisis, le passage de la Loire, pour nous retirer
« en Bretagne, en cas que nous ne puissions plus tenir sur la rive gauche de
« la Loire : mais je soupçonne qu'il y avait un plan formé par quelques of-
« ficiers nommés et qu'ils ont exécuté un moment ou ma blessure et la mort
« de Bonchamps leur en ont laissé les moyens. » (*Interrogatoire de d'Elbée*,
Savary, III, 19-20). — « Je puis assurer que le généralissime d'Elbée ignorait
« les préparatifs de Donnissan. » (Beauvais, 111).

[2] « On a cru que les Vendéens l'avaient entrepris (le passage de la Loire),
« témérairement et par leur propre volonté ; mais on voit bien par les détails
« précédents que ce fut uniquement l'effet d'une terreur panique, et les offi-
« ciers, loin d'y consentir, en étaient au désespoir. A la vérité, c'était, paraît-
« il, le plan de M. de Bonchamps ; je ne dirai pas même que certains offi-
« ciers, surtout MM. de Talmond et d'Autichamp, n'aient vu le passage de la

Vendée, suivant servilement sur ce point, comme presque toujours, ses célèbres *Mémoires*, sans se donner la peine de les contrôler, n'ont pas hésité à rééditer la même erreur[1].

Il était dans les destinées de la Vendée que la diversion, telle que l'avait préparée Bonchamps, ne s'exécuterait pas. Dès le 25 septembre, Kléber et Grouchy s'avançaient de nouveau dans le pays. Clisson voyait revenir Canclaux, le 28, pendant que Kléber faisait une incursion dans la région de Montaigu, et l'occupait tout entière. Au même moment, Chalbos et Westermann, chacun avec une colonne, s'avançaient sur Chatillon, pendant que l'armée républicaine de Luçon marchait sur Mortagne. D'Elbée et Bonchamps ne s'étaient pas trompés ; une fois encore il fallait faire tête de tous les côtés à la fois. Malheureusement les royalistes ne purent empêcher la jonction des patriotes.

Ces dernières convulsions de la première Vendée sont connues ; je m'y arrêterai seulement pour examiner l'attitude des quelques personnages faisant l'objet de cette étude.

Le 15 octobre, après que Lescure eut été blessé à la Tremblaye[2], près de Cholet, il y eut parmi les Vendéens un instant de panique rapidement suivi, d'ailleurs, d'un retour offensif, qui permit de contenir l'adversaire. Au moment où les paysans faiblissaient ainsi, on avait cru bon de faire filer les caissons et une partie des canons sur le parc d'artillerie établi à Beaupréau[3] et commandé par

« Loire avec plaisir et n'y aient contribué.... » (Mis de la Rochejaquelein, *Mémoires originaux*, 270. Cf. aussi *ibid*, 265). Les explications quelque peu embarrassées que donne le même auteur sur l'impossibilité où l'on fut d'empêcher le passage en masse, donneraient assez facilement à penser qu'elle est un peu gênée pour en parler, à raison précisément du rôle joué dans la circonstance par son père, rôle si opposé aux opinions de Lescure et de La Rochejaquelein.

[1] Cf., notamment *Crétineau-Joly*, 5e édition, I, 273 ; édition Drochon, I, 295. — *Th. Muret*, I, 318. — *Mortonval*, 223, 224. — *L'abbé Deniau*, mieux inspiré, redresse en partie cette erreur, en reconnaissant à plusieurs reprises que Bonchamps n'a jamais été partisan du passage en Bretagne de *toute* l'armée vendéenne (II, 439, 440, 467, 468 ; III, 63, 64). — *Beauchamp* a subi les mêmes influences que Mme de la Rochejaquelein (II, 85).

[2] Château à deux kilomètres environ en avant de Cholet vers le Poitou.

[3] A 19 kilomètres de Cholet en allant vers Saint-Florent-le-Vieil et la Loire.

Marigny ; on avait seulement gardé à Cholet quelques pièces avec leurs coffrets. Le soir, Poirier de Beauvais constata non sans inquiétude que ces coffrets étaient loin d'être pleins, et qu'ils seraient bien insuffisants pour la journée du lendemain, où la bataille était imminente[1]. Il fallait à tout prix avoir de nouvelles munitions avant la pointe du jour, tant pour l'infanterie que pour l'artillerie. Le Conseil informé décida d'envoyer sur l'heure, à Beaupréau, un officier pour ramener sans désemparer ce qui était nécessaire.

Le prince de Talmond demanda à être chargé de cette mission qui ne souffrait aucun retard ; mais, au lieu de la remplir, il passa sans s'arrêter à Beaupréau et courut d'un trait jusqu'à Saint-Florent-le-Vieil, où il mit de suite tout en œuvre pour assurer définitivement le passage de la Loire par l'armée entière, quinze ou dix-huit heures avant que le conseil de guerre, dont je parlerai tout à l'heure, ait encore rien décidé à ce sujet[2].

Devant ce strict exposé de faits dont la réalité est incontestable, j'en viens à me demander, je l'avoue, si le même homme, ou un complice, n'avait pas, dans la journée, fait filer les caissons vers Beaupréau et la Loire, afin de démunir Cholet et si ce n'est pas pour être bien sûr que Marigny ne recevrait pas à temps l'ordre de ramener les munitions, qu'il se chargea lui-même de porter cet ordre, se gardant bien de le faire exécuter. Le but ? rendre la résistance impossible de ce côté et obliger les généraux à se replier rapidement

---

[1] Cf. Poirier de Beauvais : *Mémoires*, 142 : — comtesse de la Bouère : *Souvenirs*, 82.

[2] Cf. Poirier de Beauvais 142 143, 146, 149 ; — comtesse de la Bouère, 83 : — Amédée de Béjarry : *Souvenirs vendéens*, 96. — L'accusation formulée par M. Amédée de Bejarry, fils de l'un des combattants, est encore plus grave. Ce serait une véritable désertion causée par l'entêtement du Prince et dans laquelle on trouverait peut-être l'explication de la tentative d'embarquement de celui-ci pour Jersey, après l'échec de Granville. « Les munitions, dit « M. de Bejarry avaient dû être expédiées par le Prince de Talmond. Celui-« ci, dont l'idée fixe était de passer la Loire, avait voulu partir la veille au « soir. Comme il était suivi d'un petit nombre de soldats, on le laissa faire, « mais en lui recommandant d'envoyer, de Beaupréau, des munitions qui y « étaient en abondance. Chemin faisant, il apprend que de petits détache-« ments, abandonnant l'armée, se portent sur Saint-Florent ; il y court, ou-« bliant les munitions. Il fut le premier à passer le fleuve, avant même que « le premier corps vendéen fut arrivé sur ses bords » (Béjarry, *loc. cit.*)

vers la Loire, seule issue laissée libre encore par l'ennemi. Cet homme était brave ; maintes fois il l'avait prouvé, et encore ce jour-là, brillamment, aux côtés de Bonchamps[1]. On ne saurait donc imputer cette faute à sa lâcheté et je demande qu'on m'en fournisse une autre explication que la mienne[2].

[1] Cf. Poirier de Beauvais : 142.

[2] Je m'empresse de reconnaître que je n'ai pour appuyer ce soupçon, en dehors de la logique même des événements, aucun document permettant de déclarer d'une façon absolument péremptoire qu'il y ait eut, dans tout cela, autre chose de plus qu'une regrettable coïncidence entre l'envoi des caissons à Beaupréau, dans la journée du 15 octobre et la fâcheuse action du Prince dans la soirée. Je dois à la vérité de rapporter ici le passage des *Souvenirs* de la comtesse de la Bouëre, relatif à l'événement, et qui, tout en cherchant à disculper Talmond, semblerait confirmer mon raisonnement, en partie tout au moins. « L'artillerie, dit cette dame, et les « munitions avaient été évacuées sur Beaupréau ; mais ce n'est pas M. de Talmond qui donna cet ordre de son chef, c'était d'après une délibération « du Conseil. Au contraire comme il ne restait pas assez de canons pour « commencer le feu, le prince de Talmond avait porté l'ordre à M. de Marigny, général de l'artillerie, d'en faire passer sans perdre un moment pendant la nuit. Il se rendit de Beaupréau à Saint-Florent, pour assurer « le passage de la Loire. » (82-83). Mais je remarquerai d'abord que le récit de Mᵐᵉ de la Bouëre laisserait supposer tout au moins que Talmond ne fut pas étranger à la décision du conseil, dont elle parle. Quant à l'ordre porté à Marigny, en admettant qu'il ait été remis à ce général, ce que démentent Beauvais et Bejarry, quelle déplorable légèreté est celle d'un officier du rang de Talmond, de quitter Beaupréau sans s'inquiéter de savoir si on exécute cet ordre, pour courir *là où il ne devrait pas être, où il n'a rien à faire*, à cette heure, au moins ostensiblement, aux yeux de l'armée et des généraux ? La gravité de la faute intentionnelle, en serait atténuée peut-être, mais la responsabilité encourue n'en est pas amoindrie. La marquise de La Rochejaquelein elle-même vient corroborer mon opinion. D'après elle les paysans se seraient précipités sur Beaupréau « entraînés en partie par ceux qui désiraient passer la Loire ou du moins qui « avaient pour cela une arrière pensée. » (*Mémoires originaux*, 261). On dirait que M. de Barante a senti lui aussi combien était accablant et cruel le témoignage inconsciemment apporté ainsi par la fille de Donnissan elle-même, car il a supprimé ce passage dans les éditions qu'il a publiées des célèbres *Mémoires*. (Cf. notamment : 2ᵉ édition Michaud, 1815, I, 244, et 13ᵉ édition, Oudin, 1868, II, 12). — Si mon raisonnement est juste, la responsabilité ne doit pas peser seulement sur le prince de Talmond ; Donnissan, des Essarts et les autres doivent en supporter une égale part. Encore une fois je n'incrimine nullement leur bravoure ni leur loyalisme, je suis convaincu que, tous, ils ont cru mieux servir ainsi la cause qu'ils défendaient; ils se sont trompés. Mais comment qualifier de telles erreurs et des actes pareils, produisant de si terribles catastrophes ?

Lorsqu'on se fut replié sur Beaupréau, chacun eut conscience qu'il se préparait un événement décisif. La Grande Armée catholique et royale était séparée de Charette par le brusque mouvement en arrière de celui-ci et la manœuvre habile de Kléber, qui la tenait vers l'ouest ; elle était prise de tous côtés entre les diverses armées républicaines et la Loire, sans aucune issue par où elle eût pu s'échapper. Après sept mois de luttes, elle se trouvait presque au point où le général Berruyer avait voulu l'amener dès le premier avril précédent : acculée au fleuve[1]. C'était le dernier acte, pensait-on, du drame gigantesque où tant de braves avaient péri.

Un conseil fut tenu par les généraux royalistes. Deux solutions pouvaient être mises en discussion : ou bien continuer immédiatement la marche vers la Loire, en fuyant devant les patriotes et tenter aussitôt le passage ; ou bien, une dernière fois recourir aux armes, faire brusquement tête à l'ennemi, chercher à briser sa ligne et, si l'on y réussissait, rentrer en Vendée avec le prestige d'une nouvelle victoire, pour recommencer la lutte. C'était une rude partie à jouer, mais elle n'était pas de nature à effrayer de pareils hommes. Les avis furent partagés.

La Rochejaquelein proposait de marcher immédiatement sur Cholet, d'Elbée pensait de même, mais, désireux de laisser le moins de chose possible au hasard, voulait qu'on attendît l'arrivée de Lyrot de la Patouillère et des 5000 hommes de sa division du Loroux-Bottereau, qui étaient en marche pour rejoindre les royalistes. Royrand n'était pas d'avis d'aller chercher un ennemi nombreux, bien commandé, enhardi par ses dernières victoires, il proposait de diriger la Grande Armée sur Boussay et Montaigu, pour rejoindre Charette dans les environs de Vieillevigne. Ce général ne pourrait plus ainsi se refuser à marcher avec eux. Avec l'appoint qu'il apporterait, il serait plus aisé de vaincre les républicains, d'autant plus que ceux-ci auraient dû forcément séparer leurs

---

« [1] Tous les corps doivent, en marchant, se resserrer les uns sur les autres
« pour arriver à l'extrémité de la Vendée, à l'embouchure de la Loire,
« chasser devant eux les rebelles et les précipiter dans la mer ou dans la
« Loire. » *(Lettre de Berruyer au Ministre,* Angers 11er avril 1793, voy.
« Savary I, 131).

forces pour courir à la recherche des royalistes. Stofflet, comme Royrand, était d'avis qu'on laissât Cholet aux patriotes, qu'on licenciât une partie de l'armée et, qu'à l'aide des troupes les plus solides, seules, on formât plusieurs détachements avec lesquels chacun des généraux, passant à droite et à gauche des Bleus, les harcèlerait, chercherait à leur enlever les postes mal gardés, leur couperait les vives et les convois et les obligerait ainsi à évacuer une fois encore le territoire vendéen. Les partisans de l'expédition en masse en Bretagne n'osent se démasquer entièrement devant d'Elbée qu'ils savent si complètement opposé à toute action vers le Nord, ils se contentent seulement d'insister auprès de lui, pour, qu'à tout risque, on s'assure du passage du fleuve, afin de se retirer en Bretagne s'il devenait absolument impossible de tenir sur la rive gauche[1].

A un moment donné, cependant, alors que, sans doute, le généralissime avait été appelé hors du conseil[2], les mêmes individus reviennent à la charge et proposent nettement l'exode total et immédiat. Bonchamps s'élève contre une telle proposition. Autant il est partisan d'une expédition partielle, lui permettant enfin d'exécuter son plan — dans des conditions bien défavorables, c'est vrai, — et, en cas d'échec suprême, d'offrir un abri sur la rive droite, aux femmes, aux enfants et aux vieillards qui embarrassent l'armée, autant il répudie toute idée de passage en masse[3]. Les paysans convoqués, dès avant l'évacuation de Cholet, pour un

---

[1] Cf. plus haut : *Interrogatoire de d'Elbée* ; et Savary, III, 19.

[2] La délibération fut longue et laborieuse, il est permis de supposer que les besoins de l'armée et les exigences de la position où l'on était, obligèrent le généralissime à sortir quelques instants du Conseil. C'est, du reste par une absence de ce chef qu'on peut expliquer comment il se fait qu'il déclare, avec une très-grande simplicité dans son interrogatoire, avoir toujours ignoré le complot du passage en masse, tandis que Mme de la Bouëre, renseignée par son mari, dit que la question fut présentée et victorieusement combattue.

[3] « Les partisans du passage de la Loire ne dissimulèrent plus leur projet, il fut combattu par M. de Bonchamps, qui voulait profiter de l'immense quantité d'homme accourus, pour attaquer Cholet sur plusieurs colonnes. L'avis d'un seul prévalut, malgré l'inconvénient de cette masse énorme, dans des chemins où à peine quatre hommes peuvent marcher de front tant ils sont difficiles, étroits et encaissés. » (Comtesse de la Bouëre, 85).

rassemblement à Beaupréau, sont accourus en foule. Il y a là au moins quarante mille hommes. Le marquis veut qu'on tente une nouvelle bataille et son avis prévaut enfin[1].

La résistance à l'ennemi, une fois décidée, deux hypothèses se présentaient : ou bien attendre celui-ci, ou bien le prévenir et, dans un retour rapide sur Cholet, courir à sa rencontre. Si les chefs vendéens avaient pu disposer de troupes réglées, aucune hésitation ne se fût présentée à leur esprit. La petite ville de Beaupréau, en effet, est bâtie sur le penchant d'une éminence escarpée faisant face au chemin de Cholet et entièrement couverte de ce côté par la rivière l'Èvre, assez profonde en cet endroit ; elle est appuyée de l'autre côté à des bois, par lesquels on communique avec les hauteurs de Saint-Pierre-Montlimart[2] et de Chaudron[3], et, grâce auxquels les royalistes eussent pu facilement dérober tous leurs mouvements. Avec l'artillerie et les moyens dont ils disposaient, ils pouvaient, en quelques instants, rendre la position formidable. Malheureusement les paysans, admirables dans l'attaque subite et dans l'assaut, ont toujours été de piètres soldats pour la défense d'une place ou d'une position quelconque. Prompts à s'élancer sur l'ennemi et à le mettre en déroute avant qu'il ait eu le temps de se reconnaître, ils se démoralisent presque instantanément, lorsqu'il s'agit d'attendre le choc d'un assaillant ; ils s'énervent dans l'expectative, veulent se rendre compte de la marche de l'adversaire, de ses dispositions... bref ils ont bientôt fait de quitter le point qui leur est assigné, pour aller où ils n'ont que faire et laissent ainsi sans défense les meilleurs postes[4].

---

[1] Cf. Comtesse de la Bouëre : *Souvenirs*, 81, 85 ; — Poirier de Beauvais : *Mémoires inédits*, 144 ; — Deniau III, 28 ; — Th. Muret, I, 318.

[2] Paroisse du canton de Montrevault, sur le chemin de Cholet à Saint-Florent-le-Vieil, par Beaupréau ; à 9 kil. de cette ville, 5, de Chaudron et 11 kil. de Saint-Florent.

[3] Bourg du canton de Montrevault à 10 kil. environ de Beaupréau, sur la droite de Saint-Pierre-Montlimart, en allant vers la Loire.

[4] Cette disposition naturelle des paysans vendéens, qui rappelle de si près le caractère distinctif des races galliques, a été une des causes principales de l'impuissance où furent les royalistes de l'Ouest de conserver jamais quelqu'une des places nombreuses dont ils se sont emparés.

Dans ces conditions, c'eût été folie que d'attendre l'ennemi ; la marche immédiate sur Cholet s'imposait. Bonchamps fit décider qu'on s'y porterait de suite sur plusieurs colonnes, en laissant à Beaupréau tous les *impedimenta*[1]. Le temps presse, on n'attendra même pas, pour se mettre en mouvement, l'arrivée de Lyrot et de sa troupe.

Ces décisions prises, le conseil de guerre est terminé, la plupart des généraux s'empressent de courir surveiller les derniers préparatifs.

Mais alors, si l'on en croit Mme de La Bouère, se serait jouée une indigne comédie — je ne saurais trouver un autre nom. — Les partisans de l'exode général, furieux de voir qu'ils avaient inutilement démasqué leurs batteries et qu'on allait, malgré leurs efforts, éloigner l'armée de la Loire, la ramener dans l'intérieur du pays, auraient laissé s'éloigner d'Elbée et la plus grande partie des adversaires de leurs projets ; puis, lorsqu'ils auraient été sûrs de leur majorité, ils se seraient reformés en conseil, où ils auraient agité de nouveau la question du passage en masse, que Talmond et ses acolytes auraient enfin fait voter selon leurs désirs, en ordonnant que, dès maintenant, il serait pris les mesures nécessaires. Il était trop tard pour qu'une pareille décision put s'exécuter immédiatement, la marche sur Cholet était déjà commencée, les conjurés ne pouvaient songer à l'arrêter. D'ailleurs il eut fallu pour cela notifier à qui de droit la nouvelle décision de ce singulier conseil de guerre, et ceux qui l'avaient rendue ne devaient pas être trop pressé de la faire connaître aux chefs ne faisant pas partie du complot. On

---

« [1] M. de Bonchamps voulait profiter de l'immense quantité d'hommes « accourus, pour attaquer les républicains à Cholet sur plusieurs colonnes. » (Comtesse de la Bouère, 85.) Les dispositions, proposées pour l'attaque par Bonchamps et acceptées par le Conseil de guerre, ne furent malheureusement pas exécutées par suite, sans doute, de l'entêtement des paysans à se précipiter tous les uns à la suite des autres sur la route étroite qui conduisait à Cholet par Le May : c'est à peine s'ils pouvaient marcher quatre de front. « L'armée vendéenne forte d'environ quarante mille hommes, partit de Beaupréau suivant, sur une seule colonne, le chemin qui conduit à Cholet « par le bourg du May et déjà la tête de cette colonne était à la portée de l'ennemi que la queue était encore à Beaupréau, ou peu s'en faut. » (Poirier de Beauvais 145.)

s'occupa donc de suite de continuer, à l'insu de ces derniers, les préparatifs commencés dès la veille par le prince de Talmond et que j'ai dénoncés déjà ; de façon à ce que le passage ait lieu aussitôt après la bataille qui allait se livrer[1], quel que fût le résultat de celle-ci.

J'avoue, pour ma part, que je répugne à croire à tant de duplicité et d'astuce chez le marquis de Donnissan et le prince de Talmond. Je laisse à Mme de La Bouëre toute la responsabilité de ses affirmations si graves pour l'honneur de ceux qui sont en cause, me contentant de faire remarquer que le mari de cette dame se trouvait à Beaupréau dans la journée du 16 et dans la soirée du 17 octobre, parmi les officiers les plus opposés au passage général et qu'elle a dû être bien renseignée[2]. J'aime mieux croire que le Conseil était encore régulièrement constitué[3] lorsqu'on décida de préparer ce passage et admettre, avec Bonchamps, Poirier de

---

[1] « Les opposants (à une expédition partielle outre Loire) laissèrent partir « tous les officiers d'une opinion contraire et reformèrent un autre Conseil, « où la question fut de nouveau agitée. MM. de Talmond, etc., firent décider « le passage en masse ; les dispositions furent prises en secret. Aussi lorsque « Saint-Florent et Chalonnes furent attaqués, le parti opposé croyait que « c'était pour faciliter seulement le passage du corps d'armée qui devait « opérer le soulèvement de la Bretagne. » (Comtesse de la Bouëre, *Souvenirs*, 81).

[2] « M. de la Bouëre n'était pas partisan de cette émigration générale. Il « approuvait la diversion projetée outre Loire par le seul corps de Bonchamps « et avait prévu que notre armée devait finir par être détruite dès « qu'elle éprouverait une défaite sérieuse, dans un pays inconnu à nos gens, « pays qui ne leur offrirait pas les ressources qu'ils trouvaient dans la « Vendée, pour échapper à l'ennemi et se rallier ensuite. « (Comtesse de la « Bouëre, *Souvenirs*, 91).

[3] Si l'on en croit Madame de la Rochejaquelein qui toujours se garde bien de mêler son père en cette affaire, les officiers partisans de l'exode en masse étaient tout au plus dans la proportion de un contre dix. (Cf. *Mémoires originaux*, 270). Il est intéressant encore ici de comparer le texte des *Mémoires originaux*, avec celui donné par M. de Barante. Ce dernier rédacteur s'est appliqué à rester le plus possible dans le vague en parlant de cette question des responsabilités du passage de la Loire, il s'est bien gardé d'insérer les dissertations des véritables *Mémoires* sur ce sujet. On dirait qu'il sentait qu'en raisonnant sur une question aussi brûlante, il risquait fort de découvrir Donnissan et les autres (Cf. notamment, 2e édition 1815 t. II, 1-5) La veuve de Lescure, plus franche ou moins perspicace, n'avait pas mis tant de circonspection dans ses dires.

Beauvais et les autres qu'il devait s'effectuer seulement à la dernière extrémité, s'il était établi qu'on ne pouvait plus tenir d'aucune façon en Vendée[1] ; cette décision ne resta donc pas ignorée du généralissime et des autres officiers vendéens. Elle ne pouvait pas l'être, car si d'Elbée et ses lieutenants étaient décidés à se maintenir coûte que coûte sur la rive gauche et à s'y faire tuer jusqu'au dernier, il n'en était pas moins de leur devoir d'assurer, le cas échéant, un dernier refuge aux malheureux débris de l'armée et à la masse de femmes, d'enfants, de vieillards qui suivaient[2]. Dans cette occurrence, l'occupation de Varades, s'il n'était plus possible à Bonchamps d'en profiter pour tenter son expédition en Bretagne, permettrait du moins aux survivants de chercher, dans cette province, un suprême asile[3].

On objectera peut-être que, malgré tout, les chefs auraient dû combattre cette décision et user de leur autorité, pour la faire rapporter, comme contraire aux intérêts de la cause et de l'armée elle-même ; qu'il est des instants, en guerre civile surtout, où il ne faut pas même laisser une espérance, si l'on veut obtenir du désespoir, des miracles que la valeur refuse ; que la perspective d'une retraite assurée devait nécessairement faire perdre aux paysans une partie de cette énergie farouche de l'homme convaincu que la mort est son seul refuge en cas d'échec[4].

[1] « La veille de ce grand désastre (*la bataille de Cholet*), mon mari m'avait « écrit que, d'après la décision du Conseil, l'armée royale, dans le cas d'un « revers, passerait en Bretagne »(Marquise de Bonchamps : *Mémoires*, édition Lescure, 29.)

[2] M. Chassin, dans *La Vendée Patriote*, tome III page, 560 paraît croire vaguement que Bonchamps toléra, à la fin, les agissements de Talmond, de Donnissan et de leurs accolytes « contre la volonté persistante du généralissime d'Elbée. » On voit par ce qui précède, combien cette opinion est erronée ; d'après d'Elbée lui-même, Bonchamps était aussi, lui, opposé à cette mesure jusqu'au bout, c'est ce qui ressort de toute cette étude, je ne crois pas avoir besoin d'y insister davantage. (Cf Plus haut, l'*Interrogatoire de d'Elbée*).

[3] La meilleure preuve que c'était bien là l'unique intention des véritables chefs de l'armée, d'Elbée, Bonchamps, Stofflet, Lescure et Henri de la Rochejaquelin, c'est ce qui se passa à Beaupréau dans la soirée du 17 octobre, après la déroute, et dans la nuit suivante, quand les généraux encore valides et d'Elbée lui-même ne jugeant pas la situation désespérée, voulaient continuer la lutte sur la rive gauche. J'y reviendrai plus loin, à l'heure voulue.

[4] Cf. Crétineau-Joly (5e édition). I, 273.

Je ne conteste pas, en principe, la force d'un pareil raisonnement ;
mais, au point de vue où nous sommes placés, il faut se demander
si une telle tactique n'eût pas eu un effet plus désastreux encore,
si, même, elle était possible. Je réponds très résolument qu'elle
ne l'était pas. Du moment où la question d'un refuge *in extremis* à
préparer outre-Loire était posée, une opposition absolue des généraux aurait eu les plus déplorables résultats sur une troupe aussi
peu homogène et si facile à démoraliser. Ceux qui la composaient
auraient vite accusé leurs chefs les plus dévoués de vouloir leur perte
inéluctable. Il faudrait ne se rendre aucun compte de l'état de l'armée
et de la disposition d'esprit des paysans, le 16 octobre 1793, pour
reprocher à ceux-ci de n'avoir pas fait rapporter une décision dont
ils n'étaient pas partisans. La grande armée catholique et royale était
composée exclusivement de paysans volontaires, non soldés, jaloux
de leur indépendance et sur lesquels leurs chefs n'avaient qu'une
autorité toute relative ; autorité reposant uniquement sur la confiance plus ou moins grande qu'ils avaient dans tel ou tel et su-
bissant la même fortune que cette confiance elle-même. Le
paysan de l'Ouest est par nature essentiellement défiant et soup-
çonneux, à l'égard surtout des gens qui lui sont supérieurs, soit
par leur intelligence, soit par leur savoir, soit par leur condition,
soit de tout autre façon ; il croit toujours que celui qui lui donne
un avis ou un ordre agit dans un but d'intérêt personnel, contraire
au sien propre. Il y avait longtemps déjà que les partisans du
passage en masse faisaient habilement propager par leurs affidés
dans l'armée l'idée que la Bretagne était le seul point où l'on trouverait repos et sécurité. Les combattants royalistes, dont le plus
grand nombre avaient leurs habitations pillées, parfois même
incendiées, leurs récoltes dévastées, leurs femmes, leurs enfants,
leurs vieux parents chassés par les colonnes patriotes, n'avaient
d'autre abri que celui de l'armée elle-même. Le malheur aidant,
ils étaient forcément tout disposés à accepter cette idée qui s'in-
filtrait peu à peu dans leurs esprits. Dans une pareille disposition, ils devaient naturellement se demander pourquoi ce projet
si utile, à ce qu'il semblait pour la masse des combattants, était
repoussé par les généraux.

De là à supposer chez ces derniers un motif intéressé, les faisant agir, la distance était bien faible et eut été rapidement franchie. Alors même qu'on ne le leur eut pas suggéré, chacun s'allait demander si d'Elbée, Bonchamps, La Rochejaquelein et les autres officiers ayant quelque fortune, ne cherchaient pas tout simplement en se maintenant obstinément sur la rive gauche, à ressaisir leurs propriétés personnelles ; Stofflet lui-même, dont on connaissait le dévouement aux Colbert de Maulevrier, pouvait être soupçonné de travailler uniquement au profit de ces maîtres, dont il portait toujours ostensiblement, avec orgueil, les armoiries sur sa plaque de garde-chasse. Et alors, avec de tels soupçons, adieu toute confiance, toute autorité. Il n'y avait donc pas à hésiter. Quoiqu'ils en eussent, le généralissime et les autres chefs devaient accepter la situation, sans revenir davantage sur cette question ; tout ce qu'ils pouvaient faire, ils le firent en donnant des ordres pour circonscrire les préparatifs du passage ; leur caractère, le souci de leur honneur leur en faisait une obligation[1].

Aussi bien il leur restait d'ailleurs la bataille décidée pour le

---

[1] Je ne crois pas qu'il soit possible de mieux analyser ce côté du caractère du paysan vendéen que ne l'a fait Frédéric Soulié. « Ce défaut (la méfiance), « le paysan le portait si loin, que dans la guerre, où il a déployé tant de « courage et d'obstination, il croyait à la trahison dès qu'il ne voyait pas « clair dans la conduite de ses chefs. Bonchamps blessé fut obligé de se faire « porter au milieu de ses soldats, pour prévenir la désertion. Dans la bataille « même, jamais ils ne précédaient leurs chefs ; ce n'était que lorsque ceux- « ci étaient engagés dans le péril comme de simples soldats, que les paysans « se décidaient à les suivre. On ne les envoyait pas à la victoire : on les y « menait ; on avait mille peines à les garder réunis... » (*Les aventures de Saturnin Fichet*, édit. M. Lévy. I, 62). — A rapprocher de cette citation, la note suivante du *Précis Historique* de Gibert, secrétaire de Stofflet. « Il fallait « que leurs officiers fussent toujours en avant, sans quoi ils auraient cru le « péril bien plus grand, aussi verra-t-on que presque tous les officiers ont été « tués ou blessés. Quand un officier que ses soldats ne connaissaient pas pour « brave voulait les faire aller, comme ils disaient, *au choc*, ils répondaient « fort bien que cela ne les regardait pas, qu'il devait montrer l'exemple « qu'au surplus eux n'étaient pas gentilshommes » *Revue de l'Anjou* XXVII, 322 note 1). Et encore cette lettre du général Hédouville, aux Consuls, en 1799 : « On a cru longtemps que les paysans étaient conduits par les nobles « comme un troupeau de serfs ; il n'en est rien. Le paysan *chouan* ou *bri- « gand* est d'une race à part, qui raisonne sans obéissance et ne l'accepte « que quand elle lui plaît. » (Sylnanecte : *Profils Vendéens*, 41-42).

lendemain. C'était leur dernière et meilleure chance de prouver une fois de plus à leurs soldats, qu'ils n'avaient aucune arrière-pensée d'intérêt personnel. Une fois rompue la masse effrayante d'adversaires qui les serrait de si près, ils débarrassaient le pays et, grâce à cette victoire même, ils reprenaient sur leur troupe tout l'ascendant auquel leurs talents et leur désintéressement leur donnaient droit.

IV

Le passage de la Loire ne pouvait se faire que dans la partie où la rive droite était peu ou point gardée par les républicains, c'est-à-dire entre Ingrande et Ancenis. Au-dessus, en effet, on se serait trop rapproché du poste important de Saint-Georges-sur-Loire ; au-dessous, on risquait d'attirer sur soi la garnison de Nantes et les chaloupes canonnières qui, malgré les basses eaux, pouvaient remonter jusque vers Oudon, avec l'aide de la marée. C'était donc à Bonchamps sur le territoire duquel l'opération devait se faire, qu'incombait le soin de préparer l'exécution de la décision prise par le Conseil. Ses soldats du reste, dont une partie habitaient la rive opposée étaient de tous, ceux qui connaissaient mieux la région, et les mieux à même, par suite de s'y établir.

Dans les conditions où l'on se trouvait, il était impossible au général de diriger lui-même cette opération ; sa présence à la grande bataille qui se préparait était indispensable. D'Autichamp, son cousin et son second depuis la mort de Fleuriot, occupait Saint-Florent, déjà depuis quelque temps avec une partie des fameuses compagnies bretonnes et quelques autres troupes. Ce fut à lui et au chevalier de Turpin, commandant de cette place, que, fut confiée l'exécution de la décision prise de s'emparer du poste de Varades[1], situé en face de Saint-Florent sur l'autre rive et qu'on savait mal gardé par quelques volontaires[2].

[1] Gros bourg chef-lieu de canton de la Loire-Inférieure, sur une hauteur à 1200 mètres environ de la rive droite de la Loire, en face de Saint-Florent-le-Vieil.

[2] « Ils avaient choisi Saint-Florent pour exécuter ce passage : 1° Parce que « ce bourg, situé sur une hauteur escarpée domine la rive opposée et que la

Talmond, au lieu de suivre la Grande Armée à Cholet, ainsi que son titre de commandant en chef de la cavalerie semblait lui en faire un devoir, voulut s'assurer par lui-même que tous les préparatifs allaient s'exécuter tels, qu'il l'entendait. Il courut une seconde fois à la Loire. Là, outrepassant démesurément les décisions prises, pendant que d'Autichamp, les chevaliers Duhoux et de Turpin s'emparaient de Varades, conformément aux ordres reçus, il arrêtait Lyrot de la Patouillère et sa troupe dans leur marche vers Beaupréau et Cholet et les envoyait de sa propre autorité battre avec le canon le poste d'Ancenis, assurant ainsi la facilité du passage sur un étendue de plusieurs lieues[1].

Il est permis encore ici de se demander si toutes les troupes fraîches de Lyrot, arrivant sur le champ de bataille de Cholet, au lieu seulement des deux mille hommes[2] amenés par Piron, même après la déroute commencée, n'auraient pas rendu courage aux paysans et rétabli les affaires des royalistes. Quelle responsabilité le prince de Talmond n'a-t-il pas encore encourue de ce chef?

Pendant ce temps, la bataille se livrait, furieuse, sur la lande de la Papinière, au nord de Cholet. Tout le long du chemin, depuis Beaupréau, les paysans avaient entendu le canon qui, de Saint-Florent, battait la rive droite de la Loire et chacun disait tout haut que c'était pour passer le fleuve, si on était battu[3]. Fidèle à la

« rivière était alors guéable en cet endroit, non seulement pour la cavalerie,
« mais encore pour les gens de pied, qui ne prenaient de l'eau que jusqu'à
« mi-corps, 2⁰ Parce qu'une isle assez considérable pouvait leur servir d'en-
« trepôt et faciliter le transport de leur équipage et de leur artillerie,
« 3⁰ Enfin parce qu'on avait négligé de faire descendre sur Nantes, tous les ba-
« teaux de la rive droite qu'ils pouvaient regarder comme une proie assurée
« s'ils étaient assez heureux de s'emparer du poste de Varades, ainsi qu'il
« arriva. » (*Mémoires inédites de Kléber* au dépôt de la Guerre).

[1] Cf. Th. Muret. *Guerres de l'Ouest*, I, 318. Il semblerait résulter du texte de M. l'abbé Deniau (III 55, 73) que Lyrot serait allé jusqu'à Cholet. Mais la confusion qui règne dans cette partie du récit du vénérable curé du Voide est telle, qu'il me paraît préférable de m'en tenir à l'affirmation très-nette de Th. Muret, qui a été à même de contrôler son dire auprès des témoins survivants.

[2] Cf. Th. Muret. I, 325.

[3] « Pendant toute la marche de Beaupréau à la rencontre de l'ennemi, « nos gens entendaient distinctement le canon de la place de Saint-Florent,

constante méthode que j'ai suivie dans cette étude, je ne m'étendrai
pas sur la bataille elle-même ; les incidents principaux en sont
connus, et d'ailleurs ne rentrent pas dans le cadre que je me suis
tracé. Au moment où, rassemblant autour de lui ses paysans
ébranlés, Bonchamps allait tenter un dernier effort, on lui remit
un billet du prince de Talmond, lui annonçant l'occupation de
Varades par les royalistes. Le général en a à peine commencé la
lecture, qu'une balle l'atteint au ventre et le jette à terre, avant qu'il
ait eu le temps de communiquer le contenu de la missive au
généralissime, blessé lui aussi presque au même instant[1]. Les

« qui battait Varades sur la rive droite de la Loire, et l'on disait tout haut
« *que c'était pour passer ce fleuve si nous étions battus.* » (Poirier de Beauvais, 146).

[1] « Bonchamps ne fut apporté [à Beaupréau] que vers les neuf heures du
« soir. On le mit d'abord par terre après l'avoir enlevé de son brancard ; il
« dit à ceux qui le soutenaient, sans lever la tête et d'une voix éteinte :
« *Otez-moi mes bottes.* — Il avait alors dans la main gauche un papier chif-
« fonné en long, qu'on lui ôta de la main et qu'on me donna. Je lui dis :
« Général, que ferai-je d'un papier qu'on vient de vous ôter des mains ? —
« Il ne me me répondit pas, et ne fit aucun mouvement. Alors je regardai
« ce qu'était ce papier : c'était une lettre du prince de Talmond qui lui
« écrivait de Saint-Florent que le poste de Varades était forcé. — Cette lettre,
« je le présume, lui a été remise, quelques minutes avant qu'il fut blessé,
« car il paraît qu'il la lisait au moment où il a reçu le coup… » (*Poirier de
Beauvais*, 147, 148).

Certains pourraient peut-être prétendre tirer de cet incident une preuve
que Bonchamps partageait les projets de Talmond et des autres. Pourquoi,
dira-t-on, s'ils n'avaient pas été de connivence, ce billet eut-il été adressé à
Bonchamps ? Il aurait dû l'être au général en chef, à d'Elbée. La raison cependant en est bien simple : on a vu plus haut que dans le conseil de guerre
tenu à Beaupreau, le 16, il avait été décidé qu'une partie de l'armée de Bonchamps forcerait le passage de Varades, pour assurer d'abord à ce général,
les moyens de passer en Bretagne et, éventuellement, aux débris de l'armée,
un asile, si l'on était battu à Cholet. D'après le récit de Beauvais, le billet
du prince de Talmond n'annonçait pas autre chose que le résultat de la tentative de d'Autichamp ; il devait donc tout naturellement être adressé à
Bonchamps, sous les ordres duquel se trouvait la troupe ayant occupé la rive
droite et qui devait avoir le commandement de l'expédition projetée outre-
Loire. C'était à lui d'en aviser ensuite le généralissime ; on a vu qu'il n'en
avait pas eu le temps par suite de sa blessure. — Tout cela démontre en ce
qui concerne Bonchamps, le peu de fondement, selon moi, de l'opinion
émise par M. Chassin. « D'après quoi, l'on devrait croire, contrairement à
l'opinion exprimée avec tant d'indignation par le premier mari de Mᵐᵉ de

cris « A la Loire », partis d'abord on ne sait d'où, retentissent bientôt de toutes parts, poussés sans doute, dit l'abbé Deniau, par ceux qui avaient toujours l'idée de porter la guerre en Bretagne[1]. Nous savons quels sont ceux-là.

Et les paysans débandés prennent leur course jusqu'à Saint-Florent ; c'est à peine si un petit nombre s'arrête quelques heures autour de leurs généraux, à Beaupréau, où le bruit s'était répandu qu'on n'était pas en sûreté[2].

Le généralissime et Bonchamps gisaient dans cette ville, chez Mme Bonnet. D'Elbée, bien que couvert de seize blessures, avait pu être ramené à cheval, depuis Cholet, soutenu par un de ses cavaliers. Les plus fidèles soldats de Bonchamps s'étaient tour à tour relayés pour porter le brancard où celui-ci reposait. L'un d'eux, Louis Onillon, n'avait pas cessé un instant de tenir haut et ferme, en avant du triste cortège, le drapeau de la division des Bords de la Loire[3].

Bonchamps resta peu de temps à Baupréau, dans la nuit même il fut porté à Saint-Florent, chez Mme Duval[4]. A peu près dans le même temps, d'Elbée se fit transporter sur un matelas, dans une charrette à bœufs, à la Roche-Thierry, métairie de la paroisse de Saint-Martin-de-Baupréau, écartée de tout chemin, et dans laquelle

La Rochejaquelein, et par d'autres chefs royalistes, que l'initiative précipitée du prince de Talmond, de d'Autichamp et de Donnissan, avant et pendant la bataille de Cholet, n'aurait pas été prise, malgré Bonchamps lui-même, mais simplement sans ordre, contre la volonté persistante du généralissime d'Elbée. » De même, je trouve là l'explication de l'affirmation bien nette de d'Elbée, dans son interrogatoire cité par Savary et que j'ai rapporté plus haut.

[1] *La Vendée*, III, 52.

[2] « L'armée se retira à Beaupréau, où ne se croyant pas en sûreté (bruit qui se répandit encore à dessein), défila de suite à Saint-Florent. » (Poirier de Beauvais, 147).

[3] Cf. Deniau, III, 57.

[4] Cf. Marquise de Bonchamps : *Mémoires* (édition Lescure), p. 31. — M. C. Port dans son *Dictionnaire de Maine-et-Loire* (V° Bonchamps, I, 410), dit que le marquis fut transporté chez Madame de La Guérinière. Cette erreur légère de l'éminent historien doit provenir d'une mauvaise interprétation de la lettre écrite en 1858 par M. de la Guérinière, à M. Eugène Bonnemère et dont on trouvera plus loin le texte.

il demeura jusqu'à son départ pour Noirmoutier[1]. Malgré ses blessures, il eut l'énergie de marcher jusqu'à la charrette, appuyé seulement sur l'épaule de Poirier de Beauvais. Avant de s'éloigner, comme ce dernier et plusieurs autres officiers, dont Villeneuve du Cazeau, lui demandaient son avis sur ce qu'on devait faire, en l'état actuel des choses, il déclara que pour lui, le seul parti à prendre était de se maintenir à Baupréau[2]. J'ai déjà fait remarquer combien ce point était facile à défendre contre un assaillant venant de Cholet. Cet avis était aussi celui de la Rochejaquelein, de Piron, de bien d'autres. En réalité, la Grande Armée n'avait perdu qu'un nombre relativement peu considérable de soldats. La perte irréparable c'étaient d'Elbée et Bonchamps ; ces deux hommes à la tête de l'armée, on eut pu encore espérer résister à l'ennemi et se maintenir dans les Mauges un temps suffisant pour permettre à la diversion projetée en Bretagne de produire un effet utile. Il est vrai que d'Autichamp assisté de Scépeaux, qui connaissait bien la rive droite et ses habitants, pouvait, dans une certaine mesure, suppléer à l'absence du glorieux blessé, dans cette diversion devenue absolument nécessaire.

. Mais d'Elbée, blessé, venait d'être emmené par les siens, Bonchamps, mourant, s'en allait vers Saint-Florent porté par ses soldats et La Rochejaquelein, qui aurait voulu ramener les Poitevins dans leur pays, était trop timide, dans le Conseil, pour imposer son idée de revenir surprendre les patriotes au milieu de l'enivrement de leur victoire. Lescure aurait appuyé pareille motion ; il était depuis longtemps déjà sur la route de la Loire. Sa femme était loin, du côté de Vezins. Dès le 16 octobre, lorsqu'il avait été question de réunir le conseil de guerre, on lui avait fait quitter Beaupréau pour le transporter sur un lit jusqu'à Chaudron[3], je me demande vraiment si, là encore, il n'y a qu'une coïncidence fortuite entre

---

[1] Cf. Comtesse de la Bouëre : *Souvenirs* : 92. — Poirier de Beauvais : *Mémoires* : 148 — Deniau, III. 57 — et mes *Documents sur Noirmoutier*, 10.

[2] « Tiendrons-nous le poste ? (*Beaupréau*). — Où pourriez-vous donc « aller ?.. Je ne vois rien que vous puissiez faire de mieux. » (Poirier de Beauvais, 149).

[3] Cf. *Mémoires originaux* de la marquise de La Rochejaquelein, 259 à 261, 264, 265.

ces deux incidents : éloignement de Lescure, de tous les généraux, celui le plus obstinément opposé à une action au Nord de la Loire, et réunion d'un conseil où va se décider précisément le principe même de cette action. Si l'on veut bien songer que son beau-père, Donnissan, l'un des plus enragés partisans de l'exode, était à peu près la seule personne présente, de sa famille, ayant quelque autorité pour décider de son transport, que le vieux maréchal de camp avait tout intérêt à écarter son gendre d'une discussion où ils ne se seraient pas trouvés d'accord et dans laquelle Lescure eut certainement pesé de tout son poids, peut-être ne sera-t-on pas éloigné de penser que le départ pour Chaudron n'a pas été absolument fortuit. Je n'en sais rien, mais, je l'avoue, j'ai un doute.....

Quoi qu'il en soit, dans la soirée du 17, alors qu'ils ne sont plus gênés ni par Lescure, ni par d'Elbée, ni par Bonchamps, qu'ils n'ont rien à craindre de la timide déférence du jeune La Rochejaquelein, Donnissan assisté de des Essarts, sans en avoir reçu l'ordre de ceux qui commandent l'armée, prépare des billets de convocation pour toutes les paroisses avec lesquelles on peut encore communiquer, leur indiquant pour le lendemain même un rassemblement à Saint-Florent-le-Vieil, où leur complice Talmond a su si bien attirer la foule des paysans. Beauvais, Villeneuve du Cazeau, d'autres encore ont beau protester, proclamer bien haut qu'on a tort de déterminer ainsi le passage de la Loire, sans le consentement des généraux, sans même celui de l'armée à laquelle on va faire abandonner ses foyers. Des Essarts, toujours habile, répond qu'on ne forçait personne à passer sur l'autre rive, qu'on indiquait seulement le rassemblement à Saint-Florent, parce qu'il n'y avait pas moyen de faire cette réunion ailleurs, puisqu'une partie des paysans y étaient déjà. Le généralissime, ajoutait-il, est hors de combat et dans ces conditions, avant de songer à livrer encore bataille, il faut d'abord s'occuper de reformer l'armée, qui est à la débandade et élire un nouveau général en chef. C'est à Saint-Florent seulement qu'on pourra le faire convenablement[1].

[1] Cf. Poirier de Beauvais : *Mémoires*, 149, 150. — Deniau, III, 67, 68.

Et Beaupréau fut abandonné, sans même qu'on essayât de s'y maintenir.

La petite ville de Saint-Florent est bâtie au sommet et sur les pentes Sud et Est d'un haut coteau d'où la vue embrasse le cours de la Loire et un long espace de l'autre rive. Au point culminant est bâtie l'église[1], au devant de laquelle s'étend une assez vaste esplanade dominant à pic le lit du fleuve. Tout ce versant abrupt est couvert de broussailles, aujourd'hui encore comme il y a cent ans. Deux rampes seulement donnent accès à la rive sablonneuse : l'une, la plus praticable forme la rue principale, elle descendait du sommet rejoignant le chemin venant de Beaupréau et de Montrevault et atteignait le bord de l'eau un peu en amont du point où se trouve aujourd'hui le pont suspendu ; l'autre, d'une déclivité plus grande encore, prenait naissance à l'extrémité de l'esplanade opposée à l'église et tombait presque directement sur la grève.

Comme l'avaient prévu Poirier de Beauvais et les autres, les premiers fuyards à peine arrivés — et ils y furent en grand nombre avant tout officier, ayant couru plus vite — se précipitèrent dans les bateaux amenés par MM. de Talmond et d'Autichamp. Un bon nombre, tant à pied qu'à cheval, se réfugiant dans l'île, passèrent à gué le petit bras, en attendant qu'ils puissent trouver à traverser plus loin. Rapidement, l'affluence augmentant à chaque instant, la ville se remplit de femmes, d'enfants, de vieillards qui, mêlés aux soldats, augmentaient encore leur démoralisation. Quand les chefs arrivèrent, le matin du 18, au point du jour, le passage était commencé déjà depuis plusieurs heures. Leurs efforts furent impuissants à l'arrêter[2].

Henri de la Rochejaquelein était comme un furieux, il voulait, avec beaucoup d'autres du pays, se faire tuer sur la rive gauche du fleuve, ou retourner en Poitou. Voyant son impuissance à résister au courant créé par Donnissan et Talmond, il vint « en pleurant de rage » rapporter à Lescure ce qui se passait. A cette nou-

---

[1] Cette église dépendait alors de la célèbre abbaye qui l'entourait. L'église paroissiale située plus bas a été détruite pendant les guerres de Vendée et ses ruines démolies depuis.

[2] Cf. Poirier de Beauvais : *Mémoires*, 149, 150 ; — *Mémoires originaux* de la marquise de la Rochejaquelein, 268-270.

velle, celui-ci, malgré son horrible blessure, se ranime, il déclare très haut qu'on ne le fera pas passer en Bretagne, qu'il entend se faire tuer dans la Vendée. Sa femme et ses amis ont la plus grande peine à lui démontrer, la nécessité où il se trouve de suivre la masse de l'armée[1] ; tant sa faiblesse est extrême, et absolue l'impossibilité où il est de se mouvoir. Mais s'il se voit enfin obligé de s'incliner devant la fatalité, il n'en proteste pas moins jusqu'au bout, déclarant que, sans sa blessure, il aurait sabré le premier royaliste qui aurait tenté de passer la Loire « eut-il été le prince de Talmond[2] ». Même à Varades, accablé de plus en plus par son mal, il se ranimait encore pour dire à Bréchard, l'un des secrétaires du Conseil supérieur : « S'il me restait encore des forces, je m'en servirais pour brûler la cervelle au Jean-Foutre *(sic)* qui nous a fait passer la Loire[3] ». Ces paroles ont-elles été dites? Ce qu'on sait du caractère et de l'éducation de celui auquel on les attribue permet de supposer que les mots ont pu être modifiés, en venant jusqu'à nous. Mais elles correspondent bien, dans leur sens général, au violent état d'esprit où se trouvait alors le « Saint du Poitou ». Quelle condamnation accablante et sans appel des agissements de son beau-père, complice de Talmond ! Et les officiers de son entourage partageaient les sentiments de leur chef[4].

[1] « Les officiers poitevins surtout, désespérés, s'écriaient que l'armée était « perdue ; M. de La Rochejaquelein était comme un furieux ; il voulait, avec « beaucoup d'autres du pays, plutôt se faire tuer sur le bord du fleuve, ou « du moins retourner dans la Vendée, au risque de ce qui pourrait arriver... « Henri vint, ainsi que beaucoup d'autres, dans la maison où était M. de Lescure, et lui dit en pleurant de rage ce qui se passait. M. de Lescure vou- « lait absolument rester, se faire tuer dans la Vendée ; cependant, à force « de lui représenter qu'il ne pouvait seulement pas se soutenir, il consentit « à ce qu'on lui fit passer la Loire. » (Marquise de La Rochejaquelein, *Mémoires originaux*, 269).

[2] « La Fontenelle de Vaudoré (note Ms de 1821, à la Bibliothèque de Niort) « cite cette parole de Lescure : « Si je n'avais pas été blessé, j'aurais sabré le « premier royaliste qui aurait tenté de passer la Loire, *eut-il été le prince* « *de Talmond.* » (Chassin, *Vendée patriote*, III, 221, note 5). Cf. Poirier de Beauvais, 150.

[3] *Extrait du 2e cahier du journal mss. de Mercier du Rocher.* cité par Chassin. (*Vendée Patriote*, III, 221).

[4] « Il est certain que si nous n'avions pas eu le moyen de passer la « Loire. nous pouvions encore reprendre l'avantage, il suffisait de battre

Quant à d'Elbée tenant sans doute à bien marquer sa résolution de ne pas abandonner le « Pays conquis », et persuadé par avance, qu'une fois à la Loire, nulle puissance humaine ne serait capable de retenir les paysans sur la rive gauche, on a vu qu'il avait quitté Beaupréau avant même le départ des généraux encore valides, et s'était fait porter dans une ferme des environs. Ne pouvant empêcher un acte pareil, qu'il réprouvait de toute son âme, il ne voulait pas paraître le sanctionner même par sa seule présence et être obligé lui aussi de suivre outre-Loire ceux dont il était le chef[1]. Il se tint parole à lui-même, jusqu'à en mourir[2].

Revenons à Bonchamps. Il me semble résulter nettement de toute cette étude la preuve que, dès le début du mouvement vendéen, il fut partisan d'une action simultanée sur les deux rives de la Loire et d'une expédition partielle en Bretagne pour soulever le pays. Ce fut un grand malheur que d'Elbée n'ait pas écouté ses sages avis. L'entêtement du généralissime à porter la guerre vers le sud-ouest, son opiniâtreté à se jeter trois fois inutilement sur Luçon furent une des principales faiblesses de la Grande Armée catholique et royale. Si l'on eut écouté le marquis, la Vendée eut trouvé

« une seule fois l'armée républicaine qui nous avait forcés à cette retraite ; « les paysans ne tinrent pas autant qu'ils l'auraient fait, s'ils avaient su ne « pas pouvoir traverser. D'ailleurs les républicains avaient coupé les routes « à plusieurs petites troupes ou paroisses dont les officiers auraient rejoint « le gros de l'armée vendéenne ; nous pouvions encore éviter l'ennemi, « qui nous en donna le temps, et retourner dans l'intérieur de notre pays « où nous aurions trouvé beaucoup de soldats pour renforcer l'armée ! (Note du manuscrit des *Mémoires originaux* de la marquise de la Roche-jaquelein, ?69).

[1] A ceux qui objecteraient qu'il aurait dû imposer son autorité, je répondrai simplement que l'armée vendéenne n'avait rien de commun avec une armée régulière, que les différents groupes qui la composaient étaient très indépendants n'étant pas payés, que les généraux malheureusement étaient divisés entre eux le plus souvent sur des mesures à prendre et que n'étant pas « embrigadés » ils entendaient conserver leur indépendance. Le Passage de la Loire est peut-être la première démonstration vraiment topique de la nécessité qu'il y aurait eu d'avoir un Prince à la tête de la Vendée. Un Bourbon, présent à ce moment-là, eut évité au pays tous les malheurs d'une pareille situation.

[2] A Noirmoutier, fusillé le 9 janvier 1794.

en Bretagne des ressources de toutes sortes, à peu près inépuisables.

Mais il voulait faire passer la Loire par une troupe peu nombreuse et bien dans la main de son chef, il fut toujours opposé à un exode en masse ; celui-ci fut préparé et rendu inévitable par une cabale de gens bien intentionnés, sans doute, mais essentiellement maladroits, vaniteux, trop confiants en leurs uniques talents et étrangers au pays. Ces hommes, Donissan et Talmond les premiers, ne craignirent pas après avoir dénaturé le plan proposé par Bonchamps, de profiter de l'état déplorable où étaient réduits trois des principaux chefs après la bataille de Cholet, pour exécuter leur néfaste complot. Quelque purs qu'aient été leurs mobiles, ils n'en doivent pas moins supporter, devant l'impartiale Histoire, la responsabilité bien lourde des ruines effroyables qu'ils ont causées.

V

Au moment où les chefs constatèrent définitivement leur impuissance à éviter enfin, l'exode auquel les avait acculés les manœuvres habiles dénoncées dans le courant de ce travail, un problème difficile à résoudre se présentait, exigeant des Vendéens une solution immédiate. Qu'allait-on faire des cinq mille prisonniers républicains qu'on traînait après soi depuis Mortagne et Cholet[1] ?

C'eût été folie, que de songer à emmener une masse pareille, difficile à garder, dans un pays qu'on connaissait mal, où, déjà peut-être, les royalistes auraient beaucoup de mal à subsister. On devait craindre qu'à un moment donné ces républicains ne réussissent à s'évader et n'allassent grossir les rangs des ennemis de la Grande Armée. D'autre part, si on ne les emmenait pas, on ne pouvait songer à les conserver en prison sur la rive gauche qu'on

---

[1] Une bonne partie d'entre eux avaient été enfermés dans l'abbaye de Saint-Florent-le-Vieil et dans l'église qui en dépendait, le reste avait été dispersé dans les bourgs et les châteaux environnants.

abandonnait, ils seraient indubitablement délivrés aussitôt et incorporés par les patriotes.

Au Conseil on discutait la question, à la dernière heure. Le vieux Cesbron d'Argogne, qui commandait la garde chargée de surveiller ces infortunés, insistait pour leur exécution immédiate. D'une part il montrait l'impossibilité matérielle où l'on était de leur faire passer la Loire, de l'autre, le danger terrible qu'il y avait à les laisser derrière soi. Déjà, les paysans qui attendaient un moyen de traverser le fleuve, exaspérés par leur propre malheur, menaçants, préjugeant la décision des généraux, entouraient l'église et l'abbaye. Des cris de mort retentissaient de toutes parts, on avait braqué des canons sur la porte du sanctuaire afin de foudroyer ces malheureux[1]. Lescure étendu dans la pièce même où se tenait la délibération, gémissait à voix basse, si l'on en croit sa femme, sur une semblable boucherie, sans pouvoir intervenir, à cause de son état[2]. Poussées, soit par un sentiment de pitié fort louable, soit par la crainte de « voir leur ville, théâtre de cette *nouvelle Saint-Barthélemy*, victime de la vengeance de la République[3] », peut-être par ces deux motifs à la fois, les femmes de Saint-Florent tentent vainement d'apitoyer le Conseil sur le sort des prisonniers. Cédant aux objurgations de Cesbron d'Argogne, la majorité opine pour le massacre. Il faut bien convenir qu'au point de vue purement humain de la sécurité des Vendéens, c'était la seule chose à faire. Les femmes, qui supplient toujours, sont brutalement refoulées[4]. Pourtant un dernier scrupule arrête les officiers royalistes. Aucun d'eux ne veut

[1] Il est à croire que ce ou ces canons avaient été pointés sur la porte de l'église surtout dans le but d'empêcher la masse énorme des prisonniers de s'évader, en se ruant sur le poste qui les gardait. Il n'en est pas moins vrai qu'ils pouvaient devenir un instrument de massacre.

[2] Cf. Marquise de la Rochejaquelein : *Mémoires originaux* 271 etc. — V. plus loin.

[3] Cf, Mocquereau de la Barre : *Mes trois mois de prison dans la Vendée*, 44.

[4] « Nos femmes se sont présentées en pleurs et se sont jetées aux genoux « de ces monstres ; elles tenaient dans leurs mains leurs enfants, qui eux- « mêmes par des cris perçants imploraient pour vous. Elles n'ont pu obtenir « que cette froide et barbare réponse que si elles ne se retiraient sur le « champ, elles seraient fusillées elles-mêmes. » (Mocquereau de la Barrie : *ibid.*).

donner l'ordre d'exécution[1]. La discussion se prolonge sur ce point.

Tout à coup, au milieu de la foule surexcitée jusqu'à la frénésie, les hurlements de mort cessent, et ces hommes tout à l'heure si près de devenir des bourreaux s'arrêtent ; les cris grâce grâce ! retentissent. La vie des malheureux républicains est désormais respectée.

Que s'était-il donc passé ?

Malgré ses horribles souffrances, Bonchamps vivait encore, il gisait dans la maison Duval au pied de la colline que surmonte l'église convertie alors en prison[2]. Avait-il entendu de là les cris de mort, ou plutôt, les femmes repoussées par le Conseil étaient-elles accourues lui apporter leurs supplications, à lui le commandant de ce pays, où tout le monde le connaît depuis son enfance ; ou bien encore ses officiers, d'Autichamp en tête, lui avaient-ils fait le récit de ce que se préparait ? Peu importe ! Il rappelle à lui le peu de force qui lui reste et commande de sauver la vie des prisonniers, siens pour la plupart, et qui en ce moment sont sur son territoire. C'est là sûrement le dernier ordre qu'il donnera, il entend qu'il soit exécuté, sinon il va se faire porter au milieu des victimes et il partagera leur sort[3].

[1] « Quand on demanda : qui ira en donner l'ordre ? personne n'en eut le « courage..... Enfin personne ne voulut faire exécuter une résolution aussi « barbare. » (M^{ise}) de La Rochejaquelein : *Mémoires originaux*, 271.

[2] Cf. M^{ise} de Bonchamps, *Mémoires* (édition Lescure, 31).

[3] « Bonchamps s'était fait transporter ici hier au soir. Il a sans doute eu « connaissance, ce matin, du sort cruel qu'on vous préparait, car, à peine « nos femmes étaient-elles rentrées chez elles, dans leur désespoir, qu'il a « adressé à l'armée un écrit à peu près conçu dans ces termes :

« *Camarades, vous m'avez obéi jusqu'à ce jour, qui est le dernier de* « *ma vie : en qualité de votre commandant, je vous ordonne de pardon-* « *ner à mes prisonniers. Si l'ordre d'un chef mourant n'a plus de pou-* « *voir sur vous, je vous en prie, au nom de l'humanité, au nom du Dieu* « *pour lequel vous combattez ! Camarades, si vous dédaignez mon ordre et* « *ma prière, je vous déclare que je vais me faire porter au milieu de* Mes « *prisonniers et de vous, et que vos premiers coups tomberont sur moi...* »

. « Ces expressions ont attendri l'armée ; elle a paru céder. Alors nos « femmes sont revenues à la charge avec encore plus d'ardeur que la pre- « mière fois. Votre grâce a été prononcée. » (Mocquereau de la Barrie, *Loc. cit.*, 45). — Il importe de rappeler que cette relation d'un républicain, prisonnier lui-même à Saint-Florent, et délivré le 18 octobre, a été écrite vers

Aussitôt d'Autichamp saute sur un cheval, il gravit au galop la colline, il accourt sur l'esplanade entouré de quelques cavaliers[1] et proclame l'ordre de sauveur. Les femmes ne sont pas les dernières sans doute, à crier « grâce[2]! » — Bonchamps désormais peut mou·rir, au milieu de la plus horrible lutte il a conquis cette gloire que, disait-il, les guerres civiles ne donnent point[3].

De nombreux textes fort importants, contemporains du fait lui-

le 15 juin 1794, elle est donc antérieure de trois mois au moins à la péition si courageuse d'Haudaudine qui relate le même fait, mais en attribuant le mérite à Mme de Bonchamps, qu'il voulait sauver à son tour, et n'a point été inspirée par cette pétition.

[1] Dont le nommé Joseph Lefort, de la Chapelle-du-Genet, qui a raconté lui-même l'événement à l'abbé Deniau (III, 79).

[2] C'est donc bien à Bonchamps qu'on doit la grâce des prisonniers. Le témoignage désintéressé de Mocquereau de la Barrie, l'atteste le premier, à un moment où rien n'aurait encore pu créer une « légende »; la solennelle déclaration d'Haudaudine et de ses compagnons portée en un temps où, certes, il y avait danger à le faire, n'a donc point « démesurément embelli » l'action du général angevin, comme l'écrit à tort M. Chassin (*Vendée Patriote*, III, 213). Le « Regulus Nantais » a courageusement affirmé la vérité, il a montré sa belle âme, digne de celle de son sauveur, lorsque pour sauver la marquise de Bonchamps, il a associé celle-ci à la grande œuvre accomplie par le marquis. Ce trait fait grand honneur à Haudaudine et aux autres signataires de l'adresse « A la Convention Nationale. » Mais pour ce faire, il ne leur fut pas besoin d'un « généreux mensonge » ainsi qu'on l'a écrit (notamment M. Lemarchand : *Bonchamps et les Prisonniers de Saint-Florent-le-Vieil*, 14; — Chassin : *La Vendée Patriote*, III, 215). Madame de la Rochejaquelein elle-même déclare tenir de madame de Bonchamps que cette dernière « ne vit aucun officier que le vieux M. Cesbron d'Argogne, à la « vérité, elle le trouva sur la place, échauffant les soldats pour cette bou-« cherie, et l'exhorta à ne pas les animer, elle le décida même à se retirer. » (*Mémoires originaux* 271). Dans sa rédaction, M. de Barante allait plus loin : « A la vérité, disait-il, les prisonniers devaient avoir pour elle (*la marquise* « *de Bonchamps*), une reconnaissance particulière; elle avait rencontré « sur la place, etc...... (*Mémoires de la marquise de la Rochejaquelein* 2e édition, 1815 II, 6). La seule inexactitude existant dans la pétition est donc d'avoir attribué à la marquise de Bonchamps une influence sur son mari qu'elle n'avait pas vu. Il n'en demeure pas moins acquis que, de son côté, la marquise s'efforça d'arracher les prisonniers à la mort.

[3] « Il ne faut pas s'abuser, nous ne devons point aspirer aux récompenses « de la terre, elles seraient au-dessous de nos motifs et de la sainteté de notre « cause. Nous ne devons même pas prétendre à la gloire humaine; *les guerres* « *civiles n'en donnent point*. » (*Paroles de Bonchamps*, rapportées par sa veuve; *Mémoires*, édition Lescure, 14).

même, ou émanant de témoins oculaires, des études lumineuses et
péremptoires[1], œuvres d'historiens d'opinions politiques les plus
diverses, ont, depuis longtemps déjà mis hors de discussion la ma-
térialité même de l'acte accompli par Bonchamps le 18 octobre 1793.
Je n'y insisterais pas davantage, si, naguère encore, un habitant des
bords de la Loire n'avait cherché à rouvrir le débat, en niant l'évidence et en jetant la suspicion sur tout ce qui contredit sa thèse[2].

[1] Cf. notamment : Lallié : *La Grande armée et les prisonniers de Saint-
Florent* ; — Lemarchand : *Bonchamps et les prisonniers de Saint-Florent* ;
— C. Port : *Dictionnaire historique de Maine-et-Loire*, I, 410, col. 2 ; —
Chassin : *Vendée Patriote*. III, 212 et s. ; — Kléber : *Mémoires* inédits ;
Mocquereau de la Barrie : *Mes trois mois de prison dans la Vendée* ; —
Savary : *Guerre des vendéens et des chouans*, II, 278 et s. ; Merlin de Thion-
ville : *Lettre* rapportée par Th. Muret, I, 337 ; — *Déclaration* de M. Robert
David d'Angers, dans l'*Intermédiaire des chercheurs et curieux*, XXXIII,
104 et 105 ; — *Lettre de David d'Angers*, le sculpteur, *ibid*, 106.

[2] *L'intermédiaire des chercheurs et curieux*, XXXII, 556, 557 ; XXXIII,
104 à 108, 269, 270, 380 à 383, 620 à 622. — L'auteur pose ainsi
la question : « *Les prisonniers de Saint-Florent étaient-ils républicains
ou vendéens ?* » Et il s'embarque en une dissertation, dans laquelle il prend
pour preuve de ce qu'il avance les assertions de *Dictionnaires biogra-
phiques* faits de seconde ou même de dixième main, comme la *Galerie militaire* de Babié et Beaumont (IV, 517), la *Biographie universelle des contemporains* de Rabbe, Boisjolin et Sainte-Preuve (vos Kléber et Bonchamps),
celle de Arnault, Jouy et Norvins... Et il ajoute : « Dans la séance du *2
Brumaire an II (2 novembre 1793)*. — Il commet là certainement une
erreur : le 2 brumaire an II correspond au *23 octobre 1793* et le 2 novembre 1793 au *12 brumaire an II*. C'est réellement le 23 octobre que
Barère prononça son célèbre discours — « Barère annonce à la Convention na-
« tionale que la Vendée n'est plus. Il donne lecture d'une lettre des
« représentants Bourbotte, Turreau, Choudieu et Francastel, contenant
« des détails sur les opérations qui ont presque terminé la guerre de
« la Vendée ; le général en chef Delbec (*sic*) et Bonchamp, autre général,
« ont été blessés mortellement ; on a pris à l'ennemi presque toute son
« artillerie, et le nombre des prisonniers rendus à la liberté s'élève à plus
« de huit mille. — Francastel (*Journal du Moniteur*, du 4 novembre)
« écrit que les rebelles ont tenté de passer la Loire et y ont réussi au
« poste de Varades ; mais qu'ils n'échapperont pas à la mort et qu'ils
« sont maintenant entre deux armées qui les extermineront. Pour admettre
« la tradition populaire qui a seule créé la légende, il faudrait admettre
« que les cinq mille républicains enfermés dans l'abbaye de Saint-
« Florent, ont tous eu le même mot d'ordre : le silence. » *Intermédiaire*,
XXX, 556, 557). — Quelques semaines plus tard, après qu'on lui a
répondu, pièces en mains, que « la tradition populaire n'est point une lé-
« gende, » il modifie son attaque et déclare : « 6000 prisonniers d'après les

Est-il bien utile d'établir une fois de plus l'existence de prisonniers *républicains* entre les mains des *vendéens royalistes*, à Saint-Florent, et aux environs, au moment qui nous occupe? Elle est constatée par ceux mêmes qui contestent l'intervention libératrice de Bonchamps[1]. Leur nombre, au moins approximatif ne me paraît pas

« mémoires de Kléber (que je crois apocryphes), 5.000 d'après Rabbe et
« Boisjolin, 4500 d'après les commissaires Guichet et Chaigneau, 4000 d'a-
« près David d'Angers, ont été enfermés dans la vieille église de Saint-Flo-
« rent-le-Vieil (laquelle pouvait bien en contenir 500); ces chiffres qui pour-
« raient être réduits à volonté ne sont-ils pas suffisants pour permettre à
« un curieux de questionner ses collègues sur l'étrangeté des documents
« historiques qui ont indiqué seulement le nombre et ont passé sous silence
« (sous le boisseau) le lieu des arrestations, les chefs qui les commandaient,
« les diverses étapes et le temps qu'ils ont passé dans la vieille église de
« Saint-Florent? A cette question du nombre on me répondra : Il n'im-
« porte ! le fait est certifié par le père du sculpteur et le nantais Haudau-
« dine. — Si les chefs vendéens ont fait grâce à quelques prisonniers répu-
« blicains, pourquoi en a-t-on exagéré le nombre? et n'a-t-on pas dit qu'ils
« escomptaient, en vue des représailles, la générosité de Kléber laquelle a
« été pour le moins égale à celle des généraux vendéens. Pour être logique,
« David d'Angers en prêtant son art à la Restauration, aurait dû glorifier
« Kléber en même temps que Bonchamps. » (*Intermédiaire*, XXXIII, 269,
270) Peut-être trouverait-on, en partie du moins, la cause de toute cette
mauvaise humeur contre les Vendéens dans la dernière phrase que je viens
de citer. Son auteur, M. Dieuaide, me paraît n'avoir pas encore pardonné au
grand artiste que fut le très républicain David d'Angers d'avoir « *prêté son art
à la Restauration* » pour glorifier Bonchamps; et il le lui fait bien voir.
C'est là affaire, entre M. Dieuaide et la mémoire de l'illustre sculpteur,
cela m'indiffère et ne me regarde pas ; les œuvres du maître suffiront à sa
défense.

[1] Cf. notamment *tous* les historiens de la guerre de Vendée ; et encore le
Moniteur du 3 brumaire an II ; — *Rapport* de Merlin du 19 octobre (Muret I,
336) ; — Grille : *La Vendée* II, 335 ; —Bonnemère : *La Vendée* ; — Benjamin
Fillon : *Lettre à M. de Montaiglon*, 100 ; — *Rapport* de Turreau, Bourbotte, Francastel et Choudieu, du 21 octobre 1793 (Legros I, 351) ; — *Opinion
Nationale* des 31 août, 5 et 6 octobre 1865, article de M. Jules Claretie ;
Phare de la Loire des 1 et 8 septembre 1867. (Port : *La Légende de
Cathelineau* passim — M. Dieuaide oubliant le 29 février, puis le 30 mai
1896 (*Intermédiaire* XXXIII, 269 et 621-622), qu'il avait lui-même reconnu
le 30 novembre précédent, qu'il y avait des prisonniers renfermés non seulement dans l'église, mais encore *dans toute l'enceinte de l'abbaye* de Saint-
Florent (*ibid* XXXII 557), M Dieuaide, dis-je, prend argument de ce que
l'Église ne pourrait pas d'après lui, en contenir plus de cinq cents, pour
démontrer, à sa manière, combien les chiffres ont été forcés, si tant est que
les vendéens aient eu jamais des prisonniers ! La réponse est aisée et l'auteur

moins bien déterminé. Ces prisonniers, je l'ai déjà dit, provenaient
principalement des dépôts établis par les royalistes à Mortagne, à
Cholet, à Beaupréau et aux environs. Parmi eux il y avait des gens
qui étaient, dès avant la prise de Saumur, entre les mains des paysans[1],
ceux-ci n'ayant pas l'habitude de tuer les républicains qui tom-
baient en leur pouvoir, rien d'étonnant, dès lors, à ce que les
vendéens aient fait cinq ou six mille prisonniers entre le 9 juin,
date où ils prirent Saumur, et le 18 octobre. On n'a qu'à se
reporter au nombre des batailles livrées, des villes prises par
les royalistes et des déroutes infligées par eux aux républicains,
pendant ces six mois et demie, pour voir que ce chiffre est plutôt
au-dessous de la normale, même en y ajoutant les prisonniers
laissés à Beaupréau et délivrés par Beaupuy et Westermann.
Kléber fixe le nombre de ceux-ci à plus de 4000. Assurément,
à plus de cent ans de distance il est matériellement impossible
d'établir le nombre rigoureusement exact des prisonniers délivrés
à Saint-Florent. Une armée comme l'armée vendéenne, sans organisation administrative propre, n'ayant pas même un *état des
combattants*, ne pouvait avoir une liste de ses prisonniers ni des
lieux où ils avaient été pris les armes à la main pour la plupart[2].

en question me la fournit lui-même, au moins en partie. Il y avait des prisonniers dans toute l'abbaye, sur toute l'esplanade; bien mieux, le local
étant insuffisant, il y en avait, sous la garde de divers détachements, dans
tous les bourgs, dans tous les châteaux des environs ; jusqu'à la Mauvoisi-
nière, dans la commune de Bouzillé, à plus de six kilomètres en ligne
directe de Saint-Florent, jusque, même, au Ponceau, en Saint-Laurent-des-
Autels, à plus de treize kilomètres, à vol d'oiseau. (Cf. déposition de
Hodanger commissaire de Seine-et-Oise rapportée par Chassin, *Vendée
Patriote* II, 470-471 en note et III, 216 ; — Mocquereau de la Barrie : *loc.
cit.* 41). Et cela ne vient en rien infirmer tout ce qui a été avancé ici et
ailleurs, avec preuves à l'appui, bien qu'on l'ait voulu prétendre encore
tout récemment. (*Intermédiaire* XXXIII, 621). M. Dieuaide me paraît
d'ailleurs s'être aussi mal rendu compte de l'étendue de l'abbaye et de ses
dépendances, qu'il a mal lu les textes qu'il invoque et qui n'ont jamais pu
renfermer les mots qu'il y voit, ni signifier ce qu'il leur fait dire ; mais une
discussion sur ce point particulier et un peu à côté de la question qui m'occupe m'entraînerait trop loin hors des limites de cette étude.

[1] Cf. *Interrogatoire de Charles Lejeune*, rapporté par M. C. Port dans sa
Légende de Cathelineau, p. 317.

[2] Pour être convaincu, M. Dieuaide voudrait qu'on lui indiquât le lieu des
arrestations, les chefs qui les commandaient, les diverses étapes des pri-

Les armées républicaines elles-mêmes opérant dans ce pays, qui pourtant avaient des cadres administratifs et une organisation régulière, n'ont pas, pour cette époque, un seul état complet même de leurs effectifs combattant ; — je ne parle pas des listes de leurs prisonniers, elles en faisaient peu sur les champs de bataille, et pour les autres, les greffes de Nantes, Angers et Niort gardent les traces, trop pleines de lacunes encore, de ces malheureux. Comment les Vendéens eussent-ils pu tenir des registres ?

Fort heureusement, à défaut de chiffres absolus, les documents ne manquent pas, qui donnent des indications permettant de préciser les choses d'une façon suffisamment approximative. De leur comparaison il ressort nettement que le nombre des prisonniers de Saint-Florent était de quatre à six mille, probablement plus rapproché de ce dernier chiffre que du premier[1]. Six mille est le

sonniers et le temps passé par eux à Saint-Florent ! Il est de toute évidence que, pour les raisons que j'explique, on ne saurait lui fournir un véritable *état de situation* des prisonniers. De même on ne pourra lui donner le chiffre exact des individus non pas *arrêtés*, comme il le dit improprement, mais *pris les armes à la main* à chaque combat. Toutefois, à défaut, les nombreux récits des prisonniers eux-mêmes publiés par différents historiens, ou demeurés encore inédits, dans les cartons des Dépôts d'Archives donnent bien nettement les étapes suivies et l'époque de l'arrivée à Saint-Florent. Je me contenterai de citer très rapidement, au milieu de tant d'autres : l'*Interrogatoire de Charles Lejeune*, de Paris, sergent-major à la Légion Germanique fait prisonnier le 9 juin à Saumur et délivré seulement à Saint-Florent ; interrogatoire auquel je me suis référé déjà et qui est donné par M. C. Port dans sa *Légende de Cathelineau*, 317-320 ; le récit de Mocquereau de la Barrie : *Mes trois mois de prison dans la Vendée* ; tous les documents rapportés par M. Chassin, dans sa *Vendée Patriote*, comme la *Déposition de Bodanger*, commissaire de Seine-et-Oise fait prisonnier par les Vendéens, (II, 490-491, note), le *Récit de Pierre Letard*, du Langon, volontaire national (III, 219, 218), etc., etc. Quant aux officiers qui commandaient aux différentes affaires, en cherchant un peu, il serait facile de les retrouver.

[1] *Haudaudine*, dans sa supplique à la Convention nationale en faveur de Mme de Bonchamps, indique 6,000, le certificat des *Gardes nationaux de Nantes*, délivré dans le même but porte 5,600. De même on trouve 6,000 et 5,600 dans deux attestations adressées par Haudaudine et ses principaux compagnons, au représentant du peuple Lofficial, les 27 vendémiaire et 5 brumaire an III (18 et 26 octobre 1794) et dont je donnerai plus loin le texte. L'attestation donnée en 1817 par *Haudaudine, Painparay, Maucomble* et *Marion* porte 5500 environ ; le sergent-major *Charles Lejeune* dit 5,000. (C. Port : *Légende de Cathelineau*, 319) ; le volontaire *Pierre*

chiffre officiel indiqué par le général en chef Léchelle, dans son
rapport et par Kléber, dans ses Mémoires[1]. Mais admettons même

Letard dit 5,700 (Chassin : *Vendée Patriote* III, 218) ; *Guichet* et *Chaigneau*
commissaires du département de la Vendée, à la suite de l'Armée de l'Ouest
disent 4,500 (Chassin : *Préparation de la Guerre de Vendée* III, 435, note) ;
Merlin de Thionville, dans sa lettre à la Convention dit : plus de 4,000
(Muret I, 336). *L. Turreau* et ses collègues dans leur Rapport disent 5.500
(Legros I, 351.) *Poirier de Beaurais* dit 8,000 (*Mémoires* 153-154), *Barère* dit
aussi 8,000. (*Moniteur* du 3 novembre 1793). Le général en chef *Léchelle*,
dans son rapport du 19 octobre, indique 6,000 (*Savary* II, 282); *Savary* et
Beaupuy, témoins oculaires, disent tous deux 4,000 à 5,000 (*Savary* II, 278)
Kléber, dans ses *Mémoires* dit 6,000. (Le chiffre de 4,000 que j'ai indiqué
dans l'*Intermédiaire* XXXIII, 381, est celui des prisonniers délivrés à
Beaupréau).

[1] Ces *Mémoires* furent rédigés ou dictés par Kléber lui-même, on peut
dire sur le moment, puisqu'il s'en occupa dès la' fin de janvier ou le
courant de février 1794, lorsque le général en chef Turreau, jaloux, l'eût
relégué au commandement de la Division « comprenant tout le pays qui se
trouve entre la route de Nantes à Rennes et celle d'Angers à Alençon,
passant par le Mans, de l'Est à l'Ouest, et bornée du Midi au Nord par le
commandement de l'armée des côtes de Brest et la Loire », où il n'y avait
plus de batailles à livrer. (*Instruction pour le général Kléber* du 1 plu-
viose an II. — 20 janvier 1794. *Dépôt des archives hist. de la Guerre, section
5, c^on 6*). Il n'était venu jusqu'ici à la pensée de personne d'en contester
l'authenticité. Savary, Pajol, Ernouf, Desprez, Chassin et bien d'autres,
tous biographes du héros républicain ou historiens de la Vendée y ont lar-
gement puisé, convaincus par l'aspect du document lui-même de son authenticité. M. Dicuaide, dans la dernière polémique qu'il a soulevée, n'est pas de
cet avis et il proclame qu'il les croit apocryphes ! La chose est plus facile à
dire qu'à démontrer et l'honorable historien ne s'attarde point à faire la
preuve de ce qu'il avance ainsi, un peu à la légère. Je ne voudrais pas croire
que ce lui est un moyen aisé de démolir une des plus grosses objections
contre sa propre thèse. — Jusqu'à ces dernières années, le seul *manuscrit*
connu des *Mémoires* de Kléber était celui qui se trouve aux archives historiques du Ministère de la Guerre (Carton des *Mémoires sur la Vendée*, n°
14421 du registre général) ; il comprend uniquement la partie ayant trait à la
guerre de la Vendée, encore y manque-t-il une dernière partie annoncée par
l'auteur à son début, et qui devait renfermer un certain nombre d'anec-
dotes particulières, qui sans doute eussent été très-précieuses à connaître.
Il est écrit, d'une bonne écriture de l'époque, sur plusieurs cahiers ou fascicules in-folio ; certains mêmes de ces fascicules sont la répétition, *avec va-
riantes*, de certains autres, et contiennent des corrections autographes de
Kléber lui-même. Ce manuscrit provient du général Damas, qui fut l'aide-
de-camp, et le confident de l'auteur, en Vendée et ailleurs, et qui se trouvait
précisément avec lui lorsqu'ils furent composés. Napoléon Ier était si bien
certain de leur authenticité, que, craignant sans doute d'y trouver des dé

que ces malheureux aient été seulement quatre mille, ce dernier chiffre est encore fort respectable.

tails peu de son goût, et voulant éviter leur divulgation, il en *exigea* la remise aux archives du ministère, ainsi que le constatent les trois documents que voici :

Paris, 28 janvier 1809.

Général,

L'Empereur est instruit qu'il existe des mémoires du général Kléber sur la Vendée, dont vous êtes dépositaire, ou qui se trouvent déposés dans un lieu que vous connaissez.

Sa Majesté désire que ces Mémoires lui soient communiqués.

Je vous invite, Général, à me les adresser, afin de les mettre sous les yeux de S. M.

Je ne doute point, Général, de votre empressement à remplir les intentions de S. M.

Recevez, Général, l'assurance de ma parfaite considération.

Le ministre de la Guerre,

Comte d'Hunebourg.

Au Général Damas, à Dusseldorf.

La copie sur laquelle est pris ce texte est écrite tout entière de la main du général Damas au dos de la lettre suivante qui constate que l'empereur fut obéi.

Grand duché de Berg   *Dusseldorf, le 3 mars 1809.*

Ministère des Finances

Transmission a M. le général Damas, de l'acceptation que S. M a daigné faire des mémoires par lui offerts sur la guerre de la Vendée.

Monsieur le Général, je suis chargé de vous faire connaître que Sa Majesté l'Empereur et Roi a daigné agréer l'hommage que vous lui avez fait des Mémoires sur la Vendée, et qu'elle acceptera avec la même satisfaction, ceux qui peuvent exister sur l'Expédition d'Egypte.

Je ne doute pas, Monsieur le Général, de l'empressement que vous mettrez à obtenir de Sa Majesté un témoignage de plus du sentiment dont je m'applaudis d'être l'organe.

Quant à l'intervention de Bonchamps, on a déjà vu l'attestation

Je vous prie d'agréer l'assurance de ma considération distinguée.

Le ministre de Sa Majesté l'emp. et roi, dans le grand
duché de Berg, comte d'Empire.

Beugnot.

A Monsieur le Général Damas, conseiller d'Etat, à Dusseldorf.

En marge de cette curieuse épître, dans laquelle l'injonction précise se
cache sous des formules diplomatiquement doucereuses, le rude soldat
qu'était Damas a écrit de sa main :

Nota. — *Les expressions de cette lettre déguisent la vérité ; je
n'ai point fait hommage à l'empereur des mémoires du général
Kléber, sur la Vendée, mais j'ai exécuté l'ordre que j'ai reçu du
ministre de la Guerre en date du 28 janvier 1809, de lui adresser
les mémoires de ce général, que l'empereur désirait avoir ; M. le
comte Beugnot, qui avait vu cet ordre et qui m'avait demandé à être
l'intermédiaire de son exécution, ne pouvait pas l'ignorer, puisque
c'est lui qui fit passer le paquet d'envoi des mémoires et ma lettre
qui l'accompagnait.*

D

*Je rapporte ci-contre l'ordre du ministère de la Guerre, comte
d'Hunebourg, depuis duc de Feltre, et avant le général Clarke.*

Le 10 avril 1895, les *Nouvelles de l'Intermédiaire*, annonçaient (p. 75)
que M. Henri Moris, archiviste du département des Alpes-Maritimes avait
découvert les *Mémoires* inédits du général Kléber, non seulement sur la
Vendée, mais sur l'Egypte et d'autres événements de sa vie ; d'après les
renseignements fournis par M. Moris lui-même, les manuscrits qu'il a
retrouvés concordent avec celui du ministère de la Guerre, dans la partie
dont traite ce dernier, ils sont seulement plus complets. Comme Napoléon,
comme le duc de Feltre, Damas, Beugnot, Pajol et les autres, cet érudit
archiviste atteste leur authenticité.

Un dernier mot à ce sujet : On sait que l'adjudant général Savary qui
servait dans l'armée patriote sous les ordres de Kléber et qui a été témoin
oculaire des faits rapportés dans les *Mémoires*, n'a pas trouvé mieux à faire,
pour donner aux événements leur véritable aspect, que d'emprunter des
parties considérables de ces mémoires et de les publier dans son histoire des
Guerres des Vendéens et des Chouans contre la République Française,
composée uniquement de pièces officielles. Il est de toute évidence que cet

désintéressée de Mocquereau de la Barrie[1], dont la relation fut écrite moins de huit mois après l'événement. Dès avant cette époque, dans les premiers mois de 1794, Kléber déclarait la même chose de la façon la plus absolue, dans ses *Mémoires* sur l'authenticité desquels je crois m'être suffisamment expliqué. Il détruisait ainsi par avance, et en toute bonne foi, les affirmations par trop fantaisistes que devaient produire dans la suite, des panégyristes peu documentés[2] et qui finissent par mettre à l'actif du général mayençais la mise en liberté de quatre mille ... *Vendéens !*

Dans la nuit du 18 au 19 octobre, celui-ci avait envoyé, de Beaupréau, le capitaine Hauteville, de la Légion des Francs, à la découverte du côté de Saint-Florent-le-Vieil. Cet officier, dit Kléber, trouva dans cette ville six mille prisonniers patriotes qui lui annoncèrent avoir été sauvés par Bonchamps expirant[3]. L'historien Savary rapporte que tous les républicains rendus à la liberté à Saint-Florent attestèrent la magnanimité de Bonchamps[4].

Guichet et Chaigneau, les commissaires du département de la

historien qui connaissait par lui-même ce qu'il avait entrepris de raconter, à l'aide *de documents authentiques*, n'aurait pas inséré parmi ceux-ci un récit apocryphe. Il était mieux que personne à même d'apprécier le degré de créance qui devait être accordé aux Mémoires de son ancien chef. Il n'y a pas manqué.

[1] Mocquereau de la Barrie : *Mes trois mois de prison dans la Vendée*, 7.

[2] Babié et Beaumont : *Galerie Militaire*, an XIII, tome IV, 517 ; Rabbe, de Boisjolin et Sainte-Preuve : *Nouvelle Biographie Universelle des Contemporains*, 1836, II. 2228 col. 1, reproduits par M. Dieuaide dans l'*Intermédiaire* loc. cit. XXXII, 555.

[3] « Il (*Hauteville*) partit et arriva à *Saint-Florent* près les 3 heures du
« matin (*le 19 octobre*), il y trouva des pièces de canon, des caissons, beau-
« coup de grain et autres comestibles, enfin *6000 prisonniers patriotes, qui*
« *lui annoncèrent qu'ils avaient échappé à la mort, à la prière de Beau-*
« *champ* (sic) *qui, expirant à la suite de ses blessures, avait demandé et*
« *obtenu leur grâce* » (Archives Hist. du départ. de la Guerre : *Mémoires
sur la Vendée*).

« Le 18, vers les onze heures du matin, les avant-postes sur la route de
« Beaupréau à Saint-Florent, signalèrent un grand nombre d'individus qui
« se dirigeaient vers eux ; Beaupuy s'y porta de suite, c'étaient les prison-
« niers républicains, au nombre de quatre à cinq mille, *qui tous procla-*
« *mèrent pour leur libérateur Bonchamps*, prêt à rendre le dernier soupir »
(Savary. *Guerres des Vendéens et des Chouans*, II, 478).

Vendée, à la suite de l'armée de l'Ouest, témoins de l'arrivée des délivrés de Saint-Florent dans les lignes patriotes, ont également rapporté l'événement dès le jour même[1]. Gibert, qui faisait partie de la Grande Armée catholique et royale et devint quelques mois après secrétaire-général de Stofflet, s'est lui aussi prononcé, à deux reprises, dans le même sens[2]. Son *précis* et ses *Observations* ont été écrits en prison sous le Consulat, alors qu'il était éloigné de toute influence susceptible de le faire contribuer à la création d'une légende. Je ne cite que pour mémoire les nombreuses attestations délivrées postérieurement à la famille de Bonchamps par les soldats et les officiers vendéens et patriotes[3].

[1] « Deux autres témoins oculaires de l'arrivée des délivrés de Saint-« Florent dans les lignes républicaines — mais non de leur délivrance à « St-Florent même, — les commissaires du département de la Vendée à la « suite de l'armée de l'Ouest, Guichet et Chaigneau, ont également rap-« porté *dès le 18 octobre 1793*, que les prisonniers disaient « n'avoir « échappé au supplice affreux qui leur était préparé que *grâce aux sollici-« tations réitérées des citoyennes de Saint-Florent et de Montrevault et de « Bonchamps lui-même qui, avant d'expirer, avait fait sentir à sa horde « combien il était intéressant de ménager ceux dont ils avaient tout à « craindre.* » (Chassin. *Vendée patriote* III, 213, d'après une pièce inédite des papiers de Mercier du Rocher).

[2] « Il y avait dans l'ancienne abbaye cinq à six mille prisonniers répu-« blicains. Le Conseil des chefs royalistes agita ce qu'il ferait de ces mal-« heureux ; quelques-uns se levèrent pour les faire fusiller. M. de Bon-« champs, que l'on venait d'apporter mourant, *s'éleva contre cette bar-« barie et la liberté leur fut rendue.* (Gibert : *Précis historique sur la « guerre de Vendée,* dans la *Revue de l'Anjou* XXVIII, 191).

« Je ne m'occupe que des choses qui ont trait à notre guerre et je dis que « M. de Bourniseaux a été mal informé, quand il met sur le compte de « M. Lescure *la grâce accordée à Saint-Florent, aux quatre à cinq mille « personnes qui y furent relâchés. J'ai toujours entendu attribuer cette « belle action à M. de Bonchamps,* et jamais à M. de l'Escure. Je n'étais « pas au Conseil qui fut tenu à cette occasion, mais *tous ceux qui y ont « assisté m'ont toujours dit que c'était M. de Bonchamps qui avait de-« mandé cette grâce* ; ça toujours été l'opinion reçue dans l'armée, et « jamais je n'ai entendu dire que ce fût M. de l'Escure qui en eût ouvert « l'avis. » (*Observations faites en l'an X par Gibert, sur le Précis histo-rique donné au public par M. Bourniseaux, de Thouars, sur la guerre de Vendée. Revue de l'Anjou,* XXIX 169, 170).

[3] Cf. P.-M. Chauveau : *Vie de Charles-Melchior-Artus marquis de Bonchamps, général vendéen,* 276-283. — *Mémoires de la marquise de Bonchamps,* édition Lescure, 57-63.

La pétition adressée à la Convention par Haudaudine et ses amis, en faveur de Mme de Bonchamps, est datée du 4 vendémiaire an III[1], d'une époque où personne n'avait un intérêt quelconque à propager une « légende » favorable seulement à une malheureuse femme vouée d'avance à la mort et à une fillette, détenues toutes deux dans les prisons de Nantes, sans amis puissants, sans soutiens d'aucune sorte, hormis le républicain généreux qui sut, en les sauvant, payer sa dette et celle de ses anciens compagnons de captivité.

Pour réussir dans cette périlleuse entreprise, il fallait faire appuyer, auprès de la Convention, la supplique dont il s'agit. Les anciens prisonniers de Saint-Florent eurent recours à Lofficial[2], député des Deux-Sèvres, qui, dans la séance du 8 vendémiaire[3], venait d'avoir, seul, le grand courage de dénoncer à l'Assemblée les monstruosités commises par Carrier. Le 17 vendémiaire[4], ils lui demandaient de

---

[1] 25 septembre 1794. — La condamnation à mort prononcée contre Mme de Bonchamps par la commission militaire dite « *commission Bignon* » est du 6 avril 1794 (17 germinal au II) Le jugement porte que l'accusée est « convaincue d'avoir, avec des intentions hostiles, suivi l'armée des brigands « dont son mari était l'un des chefs ». Un sursis de trois mois était ordonné en même temps pour constater la sincérité de la déclaration de sa grossesse. (Cf. A. Lallié : *La justice révolutionnaire à Nantes et dans la Loire-Inférieure*, p. 360).

L'adresse « *A la Convention Nationale* » a été imprimée sur quatre pages in-4° chez le « citoyen Moreaux, jardin Egalité », Elle est aujourd'hui fort rare. Elle a été reproduite par M. Bord, à la suite du récit de Mocquereau de la Barrie (Nantes, Forest et Grimaud 1882 in-8°) et par l'auteur de cette étude dans ses *Notes d'un curieux* publiées par la *Revue des Facultés catholiques de l'Ouest* (IV, 430-433).

[2] *Louis-Prosper* Lofficial, né à Montigné-sur-Moine, dans les anciennes Marches communes d'Anjou et de Poitou, était en 1789, conseiller du Roi, lieutenant-général au bailliage de Vouvant, séant à la Châtaigneraie, lorsqu'il fut élu député du Tiers-Etat du Poitou, aux Etats-Généraux. Député des Deux-Sèvres à la Convention, il déclara ne pas se reconnaître le droit de juger Louis XVI, puis vota pour la détention et le bannissement à la paix, puis enfin pour le sursis. Il fut l'un des commissaires chargés par la Convention de négocier la pacification de la Vendée et de la Bretagne en 1795 ; le Journal de sa Mission à cette époque vient d'être publié. Il fut encore membre du Conseil des Cinq-Cents. Il est mort à Paris en 1815, il était depuis 1811, conseiller à la Cour d'Angers.

[3] 29 septembre 1794.

[4] 8 octobre 1794.

« procurer à la patrie et à eux-mêmes le seul moyen d'acquitter leur dette commune envers la femme Bonchamps[1]. » Le Repré-

[1] LIBERTÉ, ÉGALITÉ. FRATERNITÉ, INDIVISIBILITÉ.

Citoyen Représentant,

C'est à toi qui viens de te montrer l'apôtre de l'humanité en dénonçant les plus grands fléaux, c'est à toi à donner une nouvelle preuve de ton attachement pour elle, en concourant aujourd'hui avec nous, à faire triompher la cause de la vérité, dans la personne de la veuve Bonchamps.

Nous l'avons dit à la Convention nationale et nous te le répétons, citoyen Représentant, si nous n'étions pas fixés à notre poste, tu verrais six mille patriotes te prier de les conduire à la barre de la Convention nationale, au Comité de Salut public, partout enfin où il se trouverait des hommes humains et justes pour réclamer la révision du procès d'une femme à qui on n'a rien à reprocher, et à qui au contraire la Patrie doit six mille de ses enfants ; si une absence momentanée peut se pardonner en faveur de la cause de l'humanité, parle, citoyen Représentant, et nous volons près de toi.

Le citoyen Canel, qui connaît ta sensibilité et ta justice, nous a fait espérer que tu voudrais bien accueillir et faire valoir des réclamations aussi légitimes que les nôtres..... Oui, citoyen Représentant, tu acquerras de nouveaux droits à la reconnaissance de la génération présente et de la postérité, en procurant à la Patrie et à nous le seul moyen d'acquitter notre dette commune envers la femme Bonchamps condamnée à mort par une Commission qui n'a jamais été instruite et qui n'a pas été à même de l'être, de l'action héroïque de l'infortunée à qui nous devons la vie.

Salut et fraternité
Au nom de cinq mille six cents patriotes,

HAUDAUDINE,

PAINPARAY, *jeune.* GODARD, *jeune,* caporal au 3ᵉ bataillon de l'Orne. ROMAIN. DECHAUME. GODARD, sergent-major au 3ᵉ bataillon de l'Orne. MONNNIER. TAUPIER. F. MARION. M. HOUERRY. PARIE MAUCOMBLE. GILBERT.
Notre adresse : *A Haudaudine, à Nantes.*
A Nantes, 17 vendémiaire an 3ᵉ de la République, une et indivisible.
Au Représentant du Peuple Lofficial,
à Paris.

sentant qui s'efforçait déjà d'adoucir de son mieux les maux endurés par ses malheureux compatriotes, prit en mains la cause qu'on lui recommandait si chaudement ; il obtint quelques jours après un décret renvoyant au Comité[1] de législation la pétition des Nantais, pour qu'elle soit examinée et ordonnant de surseoir à l'exécution de la marquise. Dès le 5 brumaire suivant[2], les sollici-

[1] 23 vendémiaire an III. — 14 octobre 1794.

« Plusieurs citoyens adressent à la Convention une pétition par laquelle « ils réclament la révision du procès de la citoyenne Beauchamp (*sic*), con- « damnée à mort par la Commission militaire du Mans, pour des délits dont « elle a été faussement accusée. Cette citoyenne a sauvé la vie aux pétition- « naires et à plus de six mille patriotes qu'elle arracha à la fureur des bri- « gands de la Vendée. — La Convention charge le Comité de Législation de lui « faire un rapport sous trois jours et suspend l'exécution du jugement. » (Séance du 23 vendémiaire an III. *Réimp. de l'Anc. Moniteur*, XXII, 236, Col. 2.)

LOI QUI SURSEOIT A L'EXÉCUTION DU JUGEMENT DE LA COMMISSION MILITAIRE ÉTABLIE AU MANS, QUI CONDAMNE A MORT LA VEUVE BONCHAMPS.

Du 23e jour de vendémiaire l'an 3e de la République Française une et indivisible.

« La convention nationale après avoir entendu la pétition des volontaires « habitant la commune de Nantes, qui demandent la révision du procès de « la veuve Bonchamps, condamnée à mort par jugement de la Commission « militaire établie au Mans, à la suite des armées réunies de l'Ouest et des « Côtes de Brest, le 17 germinal dernier, laquelle veuve Bonchamps n'a point « été exécutée, étant enceinte ; ils exposent qu'elle a sauvé la vie aux péti- « tionnaires et à six mille patriotes au mois d'octobre 1793 (vieux style) que « les rebelles voulaient fusiller, renvoie la pétition au comité de Législation « qui en fera son rapport dans les trois jours et cependant ordonne qu'il sera « sursis à l'exécution du jugement » (*Collection Dugast-Matifeux* et *Revue des Facultés catholiques de l'Ouest*, V, 433).

La commission militaire dont il s'agit avait été instituée au Mans par arrêté des représentants Bourbotte, Prieur, de la Marne et Louis Turreau. Elle ne devait « sous aucun prétexte s'écarter du quartier-général, à moins qu'elle n'y ait été autorisée ». Elle suivit l'armée de l'Ouest et siégea successivement au Mans, à Laval, à Châteaubriant, à Savenay et à Nantes. Elle commença ses opérations dans cette ville le 9 nivôse an II (29 décembre 1793) et y resta en permanence pendant plus de quatre mois. Le nombre des délits militaires, dont elle connut, est insignifiant, elle s'occupa presque exclusivement de prendre les noms des prisonniers amenés à Nantes et de les envoyer sans autre forme de procès à la fusillade. Elle était nominalement présidée par Antoine Gonchon, mais, en fait, le président en fut réellement François Bignon, capitaine au 2e bataillon de Paris ; d'où le nom de « commission Bignon » sous lequel elle est ordinairement connue. (Cf. A. Lallié : *La justice révolutionnaire à Nantes et dans la Loire-Inférieure*, 253, 254, 255, 280 et 281).

[2] 26 octobre 1794.

teurs attestaient encore l'existence et le nombre des prisonniers,
dans une nouvelle lettre au même Lofficial[1], où il priaient celui-ci
d'agir auprès du Comité de législation.

Avec le récit de Mocquereau de la Barrie, ces deux derniers do-

[1] Liberté. Egalité. Fraternité. Indivisibilité.

Les républicains qui ont été prisonniers dans la Vendée, délivrés
à Saint-Florent le 18 octobre 1793, vieux stile.

Au représentant du peuple Lofficial.

Citoyen Représentant.

*Nous venons de recevoir la lettre obligeante et fraternelle que vous
nous avez adressée.*

*Jugeant votre cœur par le nôtre, nous comptions sur votre huma-
nité et sur votre justice, et notre espoir n'a pas été trompé.*

*Achevez votre ouvrage, citoyen Représentant, la veuve Bonchamps
mérite à tous égards que vous vous intéressiez par continuation à
son sort.*

*Il n'existe dans la procédure aucune charge contre elle, aucuns
témoins; on a sans doute supposé que, femme de Bonchamps, elle
devait être coupable.*

*Malheureusement à l'époque où son jugement fut prononcé, nous
ne fûmes pas appelés, nous n'en fûmes pas même instruits; certainement, d'après la réclamation et le témoignage de six mille patriotes
sauvés par elle, les juges n'auraient pu douter de son attachement à
la République et auroient prononcé en conséquence.*

*Nous attendons, citoyen Représentant, avec la confiance que de
francs Républicains auront toujours dans la justice et la bienfaisance
nationales, la décision du Comité de Législation sur le compte de la
veuve Bonchamps.*

*Nous espérons que vous voudrez bien être près de lui l'organe de
nos sentiments, comme vous avez bien voulu l'être près de la Convention nationale,*

Salut, union, liberté, fraternité,
Au nom de six mille patriotes.

Haudaudine. Parie Maucomble. Viel. Romain. Painparay, *jeune.* Godard,
sergent-major de la 6ᵉ compagnie du 8ᵉ bataillon de l'Orne. Godard, *jeune,*

cuments écrits en entier de la main d'Haudaudine, absolument inédits jusqu'ici[1] et la pétition elle-même sont bien la meilleure preuve que les républicains prisonniers des vendéens et sauvés par Bonchamps, ne gardèrent pas le silence sur l'événement qui nous occupe, ainsi qu'on l'a voulu soutenir[2]. Le *Moniteur* lui-même s'est fait l'écho de ces déclarations librement portées, en mentionnant à plusieurs reprises les décisions de la Convention à ce sujet et les raisons qui les motivaient[3]. Lofficial parvint à faire traîner l'affaire devant le comité de législation jusqu'après le vote du décret d'amnistie du 14 frimaire an III[4]. Ce fut seulement le 29 nivôse suivant[5], que Pons (de Verdun) présenta son rapport et que sur ses conclusions la condamnation fut déclarée nulle et non avenue et la mise en liberté ordonnée[6]. Lofficial, qui, pendant ce

caporal au 3ᵉ bataillon de l'Orne. Dufour, gendarme. Dechaume. Monnier. C. Berthelemy. Taupier.

Nantes, 5 brumaire an troisième.

Notre adresse : *Chez Haudaudine.*

[1] Ces deux pièces dont l'importance n'échappera à personne, font partie de la remarquable collection des papiers Lofficial, aujourd'hui aux mains de son arrière petit-fils, mon vieil et excellent ami M. Charles Leroux-Cesbron, l'érudit éditeur du *Journal d'un conventionnel en Vendée*. Je suis d'autant plus reconnaissant à celui-ci de m'en avoir accordé la primeur, qu'ils sont destinés — je le sais — avec beaucoup d'autres correspondances non moins précieuses, à prendre place dans l'étude qu'il prépare en ce moment sur la Marquise de Bonchamps.

[2] Dienaide : *Intermédiaire*, loc. cit. XXXII : 557.

[3] Cf. notamment. *Réimp. de l'Anc. Moniteur* XXII, 236 et XXIII, 253.

[4] 4 décembre 1794.

[5] 18 janvier 1795.

[6] « La Convention nationale, après avoir entendu le rapport de son comité de législation sur la pétition d'un grand nombre d'habitants de la commune de Nantes et de volontaires nationaux en faveur de la veuve Bonchamps, condamnée à mort par la Commission militaire établie au Mans, le 17 germinal dernier comme convaincue d'avoir suivi l'armée des rebelles de la Vendée avec des intentions hostiles, et à l'exécution de laquelle il a été sursis parce qu'elle s'est déclarée enceinte ;

Considérant qu'il est prouvé que la citoyenne Bonchamps, à la suite d'une action, a sauvé la vie à un grand nombre de patriotes.

Qu'il est d'ailleurs conséquent au décret du 14 frimaire de la faire jouir de l'amnistie qu'il présente ;

Décrète que le jugement de la commission militaire établie au Mans, du

temps, avait été envoyé en mission près les armées d'Ouest, pour faire appliquer l'amnistie dans la région, eut la joie de rédiger lui-même, à Nantes, l'arrêté qui ouvrit à Mme de Bonchamps les portes de sa prison[1].

L'attestation fournie le 2 juillet 1817 par Haudaudine et plusieurs anciens prisonniers est le complément de leurs affirmations de 1794[2]. Dira-t-on encore aujourd'hui que c'est là un simple certificat de complaisance ? Que, persistant jusqu'au bout dans un généreux mensonge, ces libéraux, ces républicains, après avoir sauvé la vie de la femme, quand il y avait danger à le faire — j'y insiste — sont venus couvrir de fleurs la mémoire du mari, au moment où ils pouvaient tirer profit de leur condescendance ? Toute l'existence d'Haudaudine proteste contre une pareille interprétation de ses actes. Partout et toujours cet homme de bien eut une réputation méritée de loyauté intransigeante et sans faiblesse ; telle que les tribunaux eux-mêmes déclaraient accepter sans con-

---

17 germinal et qui condamne la citoyenne Bonchamps à mort est comme non avenu et qu'elle sera mise en liberté.

Charge la commission des administrations civiles, de police et des tribunaux de l'exécution du présent décret. (*Réimp. de l'Anc. Moniteur* XXIII, 253).

[1] La minute de cet arrêté très-motivé et qui paraphrase le décret de la Convention, se trouve, à sa date, au Registre des arrêtés pris par le représentant Lofficial (*Collection Leroux-Cesbron*).

[2] « Nous soussignés, habitants de Nantes, déclarons et attestons sur
« l'honneur, qu'ayant fait partie des prisonniers républicains qui se trou-
« vèrent, le 18 octobre 1793, entassés au nombre de cinq mille cinq cents
« environ, à Saint-Florent-le-Vieil où notre délivrance eut lieu le lendemain
« par l'armée républicaine, nous ne dûmes notre salut à cette fatale époque
« qu'au caractère noble et généreux de M. de Bonchamps, l'un des généraux
« de l'armée vendéenne, qui, peu d'instants avant sa mort, parvint par ses
« exhortations à contenir la fureur de ses troupes, et leur fit même la dé-
« fense la plus rigoureuse d'attenter à la vie des prisonniers, dont le sa-
« crifice paraissait résolu.

Nantes, ce 2 juillet 1817.

HAUDAUDINE, PAINPARAY, MAUCOMBLE, F. MARION.

Ces signatures ont été légalisées par le maire de Nantes et par le préfet de la Loire-Inférieure (Chauveau : *Vie de Bonchamps* 279, 280).

trôle ses affirmations[1]. Il n'eut certes pas affirmé sur son honneur
une chose qu'il eut ignoré ; ceux qui prétendraient le contraire
seraient en contradiction formelle avec tout ce qu'on connaît de
son caractère.

Il peut y avoir dans tous les récits que je viens de rappeler, il y a
nécessairement, des divergences notables, au point de vue des détails. Mais la chose qui m'importe seule et que je veux retenir, c'est
que tous ceux qui ont eu connaissance des raisons ayant empêché
le massacre, en reportent l'honneur à Bonchamps.

Au demeurant, je ne fais aucune difficulté d'admettre que l'intervention des femmes des Mauges — de Saint-Florent, ou d'ailleurs
— ait contribué à sauver les infortunés renfermés dans l'abbaye.
J'admettrai même très facilement que le général, blessé, mourant,
apprit le massacre qui se préparait, seulement par une démarche de
ces femmes. Cela n'enlève rien à la grandeur de l'acte de Bonchamps
lui-même et prouve simplement une fois de plus que nos grand'-
mères n'étaient pas les êtres féroces si complaisamment dépeints
par certains écrivains. Il n'en demeure pas moins démontré que
seul, « le héros de Saint-Florent » était capable, d'un mot, d'imposer
la grâce, en raison du « pouvoir magique » qu'il exerçait — sur les
paysans. Nul autre depuis la mort de Cathelineau n'aurait eu pour
ce faire un ascendant assez considérable sur les masses exaspérées,
qui se ruaient à l'entour des prisonniers[2].

---

[1] M. Dugast-Matifeux, l'érudit historien, ami et continuateur de Benjamin
Fillon, m'a raconté, peu d'années avant sa mort, qu'il tenait de témoins oculaires le fait suivant : Le tribunal de Commerce de Nantes avait eu à juger
une affaire dans laquel il importait aux juges, pour éclairer leur religion,
de consulter les livres de la maison Haudaudine. Celui-ci fut appelé à la
Barre ; à son arrivée, le tribunal entier se leva pour lui faire honneur, puis
déclara par jugement que les affirmations du Régulus nantais n'avaient pas
à être contrôlées, car sa parole ne pouvait être mise en doute. L'assistance
entière éclata alors en applaudissements et celui qui était l'objet d'une si
belle manifestation fut reconduit solennellement jusqu'au parvis du palais
de justice.

[2] « C'est ce pouvoir magique qu'exerçait sur les troupes la présence seule
« de ce général (*Bonchamps*), qui explique nos continuelles et étonnantes
« victoires. » (*Lettre écrite en 1817 par Soyer, major-général de l'armée
vendéenne* et rapportée par Chauveau : *Vie de Bonchamps* 275).

Quant à Lescure, quelques historiens ont voulu le présenter comme le sauveur des prisonniers[1]. Il était assurément bien capable d'un tel acte de magnanimité ; sa modération, son horreur du sang versé en sont une garantie, et j'ai déjà dit qu'il réprouva l'idée du massacre. Mais, s'agirait-il même de clore une polémique, que je ne vois pas exister d'ailleurs, entre sa veuve devenue marquise de La Rochejaquelein et Madame de Bonchamps[2], je ne saurais admettre qu'il ait été pour rien dans l'événement. Madame de La Rochejaquelein même l'a reconnu formellement[3], elle a fait plus, puisqu'elle a déclaré que si elle avait ignoré l'ordre donné par Bonchamps elle n'éprouvait aucun doute sur ce fait si conforme au caractère héroïque, généreux et plein de douceur du général[4].

Une fois sauvés de la mort, les républicains prisonniers eurent

[1] Notamment Berthre de Bourniseaux page 135 de son *Précis historique de la guerre civile de la Vendée* publié en l'an X et réédité en 1819 sous le titre d'*Histoire de la guerre civile de la Vendée*. Le même auteur, il est vrai, dans l'ouvrage plus complet, paru aussi en 1819 et intitulé : *Histoire des guerres de Vendée et des chouans* (3 vol. in-8°) a rectifié cependant en partie son assertion ; d'après cette nouvelle version ce sont Lescure, Bonchamps et plusieurs autres officiers qui « engagèrent le conseil » à faire grâce (II, 116). On a vu plus haut la réfutation de l'opinion de Bourniseaux par Gibert.

[2] Comme le croit faire M. Chassin (*Vendée Patriote*, III, 219).

[3] « M. de Lescure n'avait pu prendre aucune part à la délibération, il était « couché par terre sur un matelas et moi assise dessus ; *seule je pus l'en-* « *tendre, quand on parla de tuer les prisonniers, dire entre ses dents :* « *quelle horreur ! et ensuite : Ah, je respire ! quand on eut décidé la* *grâce.* » (M^ise de La Rochejaquelein : *Mémoires originaux*, 271).

[4] « On voit dans la *Vie de M. de Bonchamps*, parue après mes *Mémoires*, « une quantité de certificats établissant que ce général apprit sur son lit de « mort, pendant la délibération du conseil de guerre, le danger où se trou- « vaient les prisonniers d'être massacrés par une émeute de nos soldats, et « qu'il fit aussitôt crier grâce en son nom ; il leur sauva ainsi la vie. Je n'ai « aucun doute sur ce fait, si conforme au caractère héroïque, généreux et « plein de douceur du général de Bonchamps, et à l'amour des Vendéens « pour lui. Mais je l'avais ignoré, chose toute naturelle au milieu de l'affreux « désordre de notre armée à ce moment et des soins qu'exigeait l'état de M. « de Lescure. » (Note ajoutée en 1822 au manuscrit autographe de ses *Mé-* « *moires*, par la marquise de La Rochejaquelein elle-même et donnée dans « l'*Edition originale*, publiée sur ce manuscrit, p. 272 note 1).

encore à subir des mauvais traitements de la part des paysans ; certains furent mis en liberté à peu près immédiatement, d'autres restèrent incarcérés jusqu'à l'arrivée des premières troupes patriotes qui les délivrèrent le 19 octobre sur les trois heures du matin[1],

[1] Cf. plus haut, le passage cité des *Mémoires* de Kléber ; — Mocquereau de la Barrie : *Mes trois mois de prison dans la Vendée* ; Savary III 298 ; etc. Je demande pardon au lecteur de m'étendre peut-être plus que de raison sur le petit fait suivant, imputable à l'historien Savary, d'ordinaire plus circonspect et plus voisin de la vérité. Mais il me paraît instructif et bon à signaler, pour montrer avec quelle invraisemblable légèreté les écrivains, même les meilleurs et les plus sérieux, ont traité l'histoire de la Vendée. Savary, qui a eu entre les mains le manuscrit de Kléber, et qui en rapporte de longs extraits dans son ouvrage (*Guerre des vendéens et des chouans, contre la République française*), a singulièrement modifié la physionomie du récit de ce général, en mélangeant deux passages des *Mémoires*, absolument distincts l'un de l'autre et ayant trait à deux faits différents qui se sont produits l'un le 18, l'autre le 19 octobre 1793. Dans le premier passage, en effet, Kléber dit, en parlant de la marche des républicains de Cholet sur Beaupréau, le 18, après la bataille : « Nous rencontrâmes en route plus de « 4000 prisonniers que nos braves venaient de délivrer *à Beaupréau*, rien de « plus attendrissant que de voir ces pauvres victimes pâles, défigurées, nous « crier de loin et avec une voix presque éteinte : *Vive la République vive* « (sic) *nos libérateurs* ! bien souvent *vive l'armée de Mayence*! avec quel « plaisir, ils serraient dans leurs bras leurs frères, qui venaient de les « délivrer du plus misérable et du plus terrible esclavage! » (*Mémoires inédits*) ce dernier passage, qui, dans le manuscrit du général, se trouve naturellement placé avant celui donné plus haut, en est séparé par une cinquantaine de lignes de texte au moins. Or voici ce que Savary publie comme étant le texte même de Kléber : « Nous rencontrâmes en route plus « de quatre mille prisonniers. Rien de plus attendrissant que de voir ces « tristes victimes pâles et défigurées nous crier de loin et d'une voix presque « éteinte, vive la république !... nous apprîmes qu'ils avaient échappé à la « mort, à la prière de Bonchamps, etc... » (II, 279). Puis, pour corser encore la chose, il ajoute en note cette réflexion « ces prisonniers arrivèrent à « Chollet le 18, et les historiens prétendent que dans la matinée du 19, ils « tirèrent le canon de Saint-Florent sur leurs libérateurs. » (II, 276, note 2). Il faudrait pourtant s'entendre ! On n'a jamais accusé les prisonniers délivrés à *Beaupréau*, par les patriotes, le 18 au matin, et envoyés le jour même à Cholet, d'avoir assailli à coups de canon, le 19, de la terrasse de St-Florent-le-Vieil, les vendéens, auxquels ils ne devaient aucune reconnaissance ; ceux auxquels on a, à tort ou à raison, imputé une pareille bassesse, ce sont les prisonniers enfermés dans l'abbaye, auxquels Bonchamps fit grâce de la vie et qu'Hauteville trouva sur place le 19 au matin. On se demande vraiment comment Savary a pu confondre ces deux épisodes bien distincts, lui qui était du pays et qui faisait partie de l'armée en qualité d'adjudant-

quelques-uns, qui avaient cherché à s'évader ou avaient même assailli leurs gardiens pour les tuer, furent fusillés[1]. Il n'en reste pas moins acquis que l'intervention de Bonchamps sauva la masse

général attaché à Kléber. Ceux qui voudraient l'accuser de parti pris seraient presque fondés à le faire, après une pareille constatation.

Ajouterai-je que M. Chassin, induit en erreur par Savary a lui-même rapporté le texte publié par celui-ci, comme venant de Kléber ; ce qui a amené l'érudit historien à confondre aussi les prisonniers de Beaupréau délivrés par les républicains, avec ceux que Bonchamps a sauvés à Saint-Florent (Cf. *Vendée Patriote* III, 212, 213).

[1] « Quelques soldats bleus furent tués en punition d'une perfidie. Marigny
« venait de sauver toute l'artillerie, il était resté en arrière avec quelques
« hommes, pour assurer la fin de l'opération. Un groupe de prisonniers,
« dont quelques-uns ayant retrouvé des armes, croyant n'avoir affaire qu'à
« des traînards, se mit à tirer sur ceux qui venaient de les épargner. Ma-
« rigny, furieux, se retourne et les fait tous massacrer. Ils étaient 60 ou 80. »
(A. de Béjarry : *Souvenirs Vendéens* 98). M. Chassin (*Vendée Patriote*, III,
219) paraît trouver l'acte de Marigny particulièrement odieux. J'avoue ne pas
partager son sentiment et penser que cet officier eut parfaitement raison
d'exécuter sommairement des soldats, qui ne trouvaient pas de meilleur usage
à faire de leur liberté retrouvée, que de commettre une félonie. M. Chassin
affirme encore, en manière de conclusion à son étude sur « *Les prisonniers
de Saint-Florent* ». Que la grande majorité de ceux-ci aurait été maintenue
en arrestation et maltraitée. (Cf. *Vendée Patriote* III, 219). Il me semble
avoir oublié quelque peu à ce moment ce qu'il rapportait sept pages plus
haut, au début du même chapitre, d'après Savary lui-même et non plus d'après
Savary amalgammant à sa façon les textes de Kleber.—Savary en effet, dans un
passage que j'ai donné plus haut, et après lui M. Chassin, rapporte que quatre ou
cinq mille des prisonniers venant de Saint Florent se présentèrent aux avant-
postes republicains, à Beaupréau, le *18 octobre vers onze heures du matin*.
(Savary II, 278 ; — *Vendée Patriote* : III, 212). Or c'est seulement dans la
matinée de ce jour-là que l'ordre de grâce fut donné. Si ces prisonniers
avaient eu le temps, avant onze heures ou même midi. de franchir à pied
par des chemins abominables, les vingt grands kilomètres qui les séparaient
de Beaupréau, il faut croire qu'ils avaient quitté leur prison de bon matin et
que les paysans n'avaient pas eu beaucoup de temps pour les maltraiter. Enfin,
s'ils étaient vraiment quatre ou cinq mille, il devait en rester peu, relativement, à Saint-Florent. Je sais bien que Mocquereau de la Barrie. (*Mes trois
mois de prison dans la Vendée* 42 43) déclare n'avoir recouvré sa liberté que
dans la soirée du 18, que Kleber raconte que Hauteville trouva six mille prisonniers à Saint-Florent même, le 19 au matin. Ne faut-il pas, ainsi que
je l'ai fait. conclure de toutes ces divergences de détails que bien certainement les républicains prisonniers furent délivrés successivement, à partir de
l'ordre donné par Bonchamps et que les brutalités, s'il y en eut, furent le
fait d'individus isolés et non de la masse des royalistes ?

des patriotes et que les vendéens respectèrent l'ordre de grâce. Assurément il serait préférable de pouvoir affirmer qu'aussitôt cet ordre proclamé les paysans témoignèrent à leurs prisonniers la douceur la plus magnanime. Si cela était, cette armée vendéenne, déjà si grande par ses actions, aurait été plus sublime à elle seule que tous les héros du monde. Il faut avoir le bon sens de convenir que ceux qui la composaient n'étaient que des hommes. Ces hommes que, sans y parvenir, on a voulu flétrir, en les appelant *brigands*, pouvaient bien, sur l'ordre d'un chef adoré, renoncer à leur vengeance, au moment où ils abandonnaient leur terre, leur pays, beaucoup leurs femmes et leurs enfants, pour se lancer dans l'inconnu. Mais s'ils faisaient à leurs ennemis grâce de la vie, ils ne pouvaient, dans leur multitude, tant disparate et si peu disciplinée, surexcitée par tous les malheurs qui l'accablaient, ils ne pouvaient, dis-je, empêcher des individus, emportés par leur propre état d'esprit, d'aller reprocher, même avec des violences, aux républicains qu'ils avaient sous la main, les malheurs épouvantables dont ces républicains et leurs amis étaient les auteurs. La chose est humaine et nous faisons de l'histoire, non de la légende.

Je dirai la même chose en ce qui concerne l'incarcération des prisonniers jusqu'après le départ du dernier vendéen. Je ne vois là qu'une mesure de prudence toute naturelle et que l'évènement a bien justifiée. Les officiers royalistes ne devaient pas laisser circuler en liberté, au milieu de leurs soldats, ces patriotes, dont un grand nombre pouvaient courir au-devant de l'armée de Kléber, l'informer de ce qui se passait à Saint-Florent, presser sa marche et procurer ainsi l'écrasement définitif des Vendéens. L'affaire, mal éclaircie jusqu'ici, des coups de canons tirés de l'esplanade sur les Vendéens réfugiés sur la rive droite ou dans les îles de la Loire, est une démonstration flagrante de l'utilité de cette précaution absolument élémentaire.

La grandeur d'âme, la miséricorde n'excluent pas la prévoyance. En arrachant à la mort les prisonniers patriotes, Bonchamps et ceux qui y contribuèrent ont accompli une grande action ; en gardant le plus longtemps possible ces mêmes patriotes hors d'état de nuire, les généraux vendéens, qui avaient alors le commandement, auraient rempli le premier et le plus simple de leurs devoirs de chefs d'armée. D'ailleurs on n'a jamais pu établir que cette incarcération prolongée et surtout les prétendus mauvais traitements qui l'auraient accompagnée eussent été infligés systématiquement au plus grand nombre. Haudaudine n'en a pas gardé le souvenir et Mocquereau de La Barrie, qui dit avoir recouvré sa liberté seulement à six heures du soir, le 18 octobre, ne fait nulle mention de pareils excès ; pourtant il s'étend longuement — on le comprend de reste — sur toutes les violences qu'il a subies pendant sa détention[1].

[1] Nul plus que moi n'admire Kléber. Mais il ne faudrait pas, à propos de cruauté ou d'autre chose, dépasser le but cependant et l'exalter exagérément, même aux dépens de la vérité historique, comme le font certains écrivains, dans un sentiment de mépris exagéré pour des hommes de la valeur de ses adversaires. Il serait aisé de rappeler combien ce vaillant a subi l'influence des représentants en mission, dont la férocité allait à l'encontre de ses sentiments personnels, j'en suis convaincu. On pourrait, sans chercher beaucoup, rappeler, les cruautés inutiles tolérées, tout au moins, par lui et accomplies avec sa complicité, sinon d'après ses ordres dans le Pays de Retz, notamment, au mois de septembre 1793, c'est-à-dire avant la délivrance des prisonniers de Saint-Florent. « Le Port-Saint-Père a été entièrement brûlé, à l'exception de sept « ou huit maisons — écrivait, le 17 septembre, *Le Sant*, un patriote bon teint « qui avait suivi l'armée — Une maison servant d'hôpital aux brigands, « qui avait beaucoup de malades, a été brûlée avec tous les malades. L'ordre « est de ne point faire de prisonniers et s'exécute strictement. Il y a deux « représentants du peuple à chaque division, qui font exécuter la loi... Enfin « cette colonne s'est rendue maître de Saint-Philbert, en fusillant quelques « brigands épars et brûlant des maisons. » (Mis de l'Estourbeillon : *Notes et documents inédits sur les opérations des armées républicaines au Pays de Retz en 1793*, p. 15). On voit que nous sommes loin de l'histoire des obus tombant sur des meules de paille et incendiant le Port-Saint-Père, comme le raconte Kléber dans ses *Mémoires*. Barère, à la tribune même de la Convention, parlant au nom du Comité de Salut-Public était obligé d'avouer : « D'ailleurs, comme la vérité est le premier tribut que le comité doit à la « confiance dont la Convention l'a investi, il faut dire qu'une partie de nos « troupes n'a pas conservé dans sa marche les mœurs que doivent avoir les « armées de la République. — On a pillé à Torfou, en reconnaissant ce « poste et, pendant le pillage, les soldats ont été cernés et très-fortement « maltraités par les brigands » (*Rapport sur la Vendée*, lu à la séance de la Convention du 10 vendémiaire an II — 1er octobre 1793). A Torfou comme au Port-Saint-Père, c'était Kléber qui commandait. Tout cela je le veux bien, c'était par ordre des Représentants ; mais les généraux exécutaient. On

Une fois obéi l'ordre donné par Bonchamps, il fallut songer à faire passer sur l'autre rive l'infortuné général. Quatre hommes le placèrent sur un matelas, dans un carrelet de pêcheur et, grâce à ce hamac improvisé, on put le transporter sans trop de peine sur un bateau, jusqu'à La Meilleraye[1]. C'est là qu'il rendit le dernier soupir, presque en touchant le rivage. Je ne m'attarderai pas à discuter longuement les circonstances de sa mort, s'il fut blessé mortellement par un coup parti des rangs vendéens, ainsi que le prétendent certains historiens[2] ou même s'il fut empoisonné avec

se demande vraiment comment des hommes soucieux de leur honneur s'inclinaient humblement devant des volontés pareilles ! Voilà tout le secret des atrocités commises par les généraux républicains dans l'Ouest. Si c'est là un effet de la subordination proclamée nécessaire de l'élément militaire au pouvoir civil, j'avoue à ma honte ne pas apprécier beaucoup les bienfaits d'un pareil principe.

[1] Village sur la rive gauche de la Loire, dans l'île du même nom commune de Varades. Cette île n'est séparée de la terre ferme que par un bras de rivière alors absolument à sec et qui n'a d'eau que dans les plus fortes crues.

[2] « Bonchamps fut tué par une balle sortie des rangs royalistes, au mo-
« ment où il se tournait vers eux pour leur donner des ordres. Elle était
« partie de l'arme d'un traître, placé à dessein pour mettre à mort quelques
« chefs vendéens. On ne connut que plus tard le coupable. Au retour de
« l'expédition d'Outre-Loire, un soldat aperçut un papier imprimé dans la
« poche de son compagnon ; il s'en empara et le porta à son capitaine. Celui-ci
« remit la pièce, qui était un passe-port, au général Stofflet, qui fit arrêter
« celui sur lequel le passe-port avait été trouvé. C'était un déserteur et,
« pressé vivement, il convint qu'il avait été envoyé parmi les royalistes pour
« se défaire de leurs généraux, et qu'il avait tué en effet M. de Bonchamps.
« Ce soldat fut à l'instant fusillé. Il se nommait Husson ou Lusson » (*Note
ms. de la Fontenelle de Vaudoré*, à la Bibl. de Niort, citée par M. Chassin :
Vendée Patriote, III, ???).

« Ma grand'mère, Mme de la Guérinière.... s'empressa d'accourir près de
« lui (*Bonchamps à Saint-Florent*) et le trouva étendu sur un matelas.
« Quelques instants plus tard, elle lui présenta un bouillon et, à ce moment,
« se prit à fondre en larmes. Bonchamps, frappé de ce vif témoignage d'in-
« térêt, saisit la main de ma grand'mère, et ajouta : « Ne pleurez pas, ma
« chère madame de la Guérinière ; je meurs de la main des miens. »
« Ce fait m'a été souvent raconté par ma grand'mère, femme digne de foi.
« Quelle a été la pensée de Bonchamps ? S'est-il considéré comme victime
« de la jalousie qui dévorait les chefs de l'armée vendéenne ? C'est ce qu'il
« ne m'a point été donné d'éclaircir. » (*Lettre écrite le 25 août 1858, par
M. de La Guérinière, maire de Saint-Florent, à M. Eugène Bonnemère*

des confitures ou du lait, comme je l'ai moi-même entendu raconter à Saint-Florent-le-Vieil, encore ces dernières années. Qu'il ait
été tué par une balle égarée ou par celle d'un traître aposté parmi
ses soldats, c'est possible à la rigueur, bien que je n'y croie pas ;
qu'il ait été empoisonné, la chose me paraît invraisemblable[1].

Dans toutes les graves conjonctures, lorsque les masses voient
disparaître subitement l'un des personnages dans lesquels elles
ont placé leur confiance, qu'elles se figurent destinés à jouer, à
leur profit, un grand rôle dans la suite des événements, elles sont
toujours portées, à tort ou à raison, à croire cette disparition entourée de mystères et à lui chercher une cause surnaturelle ou
criminelle. Elles ne peuvent admettre qu'un tel homme ait pu
tomber comme un simple mortel. L'histoire du Monde, depuis les
époques les plus reculées, est pleine d'exemples de cet état d'esprit, qui se perpétue de générations en générations. Pour ne parler
que de faits tout près de nous, que n'a-t-on pas dit au sujet de la

et publiée par celui-ci dans *Les Guerres de la Vendée*, édition de la Société
des Publications populaires, p. 180. M. Chassin l'a aussi reproduite dans sa
Vendée Patriote, III, 22?).

Avant ces écrivains, l'historien Beauchamp avait déjà dit : « Bonchamps
n'était même pas exposé au feu de l'infanterie ; ce qui fit soupçonner que le
coup était parti de la main d'un traître. » (*Guerre de la Vendée*, II, 90).

[1] M. Chassin paraît attacher quelque importance à ces opinions, et j'ai bien
peur qu'ici il n'ait pas assez contrôlé la valeur de racontars sans portée. Si
Si je ne connaissais ses habitudes d'impartialité, je croirais presque qu'il a,
en cet endroit, inconsciemment cédé à son antipathie non déguisée pour la
collectivité des généraux vendéens et leurs idées, et qu'il ne serait pas mécontent de leur imputer un crime aussi odieux que l'assassinat de Bonchamps.
Après avoir dit son doute, il imprime en effet cette réflexion : « Que ne
« peut-on supposer, d'après ce que l'on sait de bien prouvé sur Bernard
« de Marigny, le commandant de la grande armée, le plus implacable
« ennemi des bleus et sur Joly, le promoteur de la première expédition
« militaire des insurgés de mars, le siège des Sables, l'un et l'autre fusillés
« par leurs coréligionnaires, sur les ordres de Stofflet et de Charette, eux-
mêmes rivaux acharnés ? » (La *Vendée Patriote* III, 223). On dirait qu'il
s'est rendu compte plus tard du soupçon qu'on pourrait avoir en le lisant ;
par une contradiction bizarre, il a ajouté la très juste réflexion suivante
en note à la lettre de M La Guérinière, citée tout-à-l'heure : « Il ne faut
pas prendre pour de l'histoire ces historiettes, multipliées par les historiens légendaires, qui diminuent leurs héros en cherchant à trop expliquer
leur simple mort dans les combats. » (*Ibid.* note 1.)

mort des généraux Chanzy, de Miribel, Skobeleff, de celle du
Prince Impérial, du comte de Chambord et de l'empereur Alexandre
III, dont naguère l'Europe entière, angoissée, haletante, suivait
l'agonie avec tant d'anxiété ? Quoi d'étonnant à ce qu'il en ait été
de même pour les Vendéens, ces hommes au caractère à la fois
défiant et crédule, portés à supposer autour d'eux des trahisons,
en un pareil moment surtout, quand au milieu de leur détresse ils
voyaient leurs trois principaux chefs blessés à mort presqu'en
même temps ? Lescure aussi, ils le crurent victime d'un assassinat[1].
Les « récits légendaires » s'appliquent indistinctement à lui et à
Bonchamps jusque dans leurs détails, et, en cherchant bien, on en
trouverait de même au sujet de d'Elbée. M. de La Guérinière affirme que sa grand'mère a entendu Bonchamps lui dire : « *Je
meurs de la main des miens.* » Mais cette dame était-elle bien sûre
de ne pas se tromper ? Son petit-fils écrit, d'après elle-même, qu'elle
était troublée à la vue de l'état du général, au point de fondre en
larmes. Si l'on réfléchit qu'à ce moment Bonchamps parlait déjà
difficilement, on est amené forcément à douter. Dans ses souvenirs,
Mme de La Guérinière a probablement confondu ce qu'on lui a dit
alors, ou peu après, avec les quelques paroles prononcées par le
blessé. Il ne faut pas non plus oublier que la lettre qui les relate
a été écrite soixante-cinq ans après l'événement. Que si vraiment
Bonchamps s'est exprimé de la sorte, je serais très enclin, pour
ma part, à voir là un cri de découragement poussé par lui en
envisageant la situation, où les agissements de certains membres
du Conseil de guerre, l'avaient réduit, l'empêchant de faire sa
diversion en Bretagne. Dans cet ordre d'idées, on comprend par-

---

[1] « Lorsque M. de Lescure fut blessé, ce fut par un transfuge, qui avait
« pris les armes avec les Vendéens. En 1794, cet homme était pris à Argenton
« le Château par les royalistes, qui le condamnèrent à mort, comme traître
« et espion. Au moment d'être fusillé, il déclara qu'*il ne l'avait pas volé* ;
« que c'étoit lui qui avait blessé à mort M. de Lescure à la Tremblaye. »
(Comtesse de la Bouère. *Souvenirs*, 81). Que l'on veuille bien comparer ce
récit avec celui de La Fontenelle, qui précède, et l'on verra que c'est le même
fait appliqué à deux personnages différents. On ne saurait dire que l'un des
écrivains a copié l'autre. Les *Souvenirs* de la comtesse de la Bouère ont
été publiés seulement en 1890, époque à laquelle La Fontenelle était mort
depuis longtemps.

faitement qu'il ail pu se dire, non sans raison, victime des siens ;
car, dans sa pensée, son expédition sur la rive droite aurait écarté
le désastre où il trouva la mort. M. de La Guérinière lui-même
semble incliner vers cette interprétation.

Qu'importe, au demeurant, une discussion plutôt oiseuse. Ce
qui est irréfutable, c'est que Bonchamps, qui parmi les autres généraux royalistes, tous si braves, s'était créé une place hors de
pair par sa froide intrépidité et ses incomparables talents de stratégiste et de tacticien, a mis le sceau à sa gloire en sauvant les
prisonniers républicains de Saint-Florent. Son nom demeure pour
ce motif entouré d'une immarcessible auréole.